KB237158

문학과지성 시인선 48

앵무새의 혀

문학과지성 신작 시집

김 현 엮음

문학과지성 시인선 48

앵무새의 혀

초판 1쇄 발행 1985년 11월 27일
초판 9쇄 발행 1993년 9월 15일
재판 1쇄 발행 1994년 9월 23일
재판 8쇄 발행 2025년 5월 26일

지 은 이 고은 외
엮 은 이 김 현
펴 낸 이 이광호
펴 낸 곳 ㈜문학과지성사

등록번호 제1993-000098호
주   소 04034 서울 마포구 잔다리로7길 18(서교동 377-20)
전   화 02)338-7224
팩   스 02)323-4180(편집) 02)338-7221(영업)
전자우편 moonji@moonji.com
홈페이지 www.moonji.com

ISBN 89-320-0257-6

문학과지성 시인선 48

앵무새의 혀

김현 엮음

1994

책머리에

　이 시집은 문학과지성사 창사 10주년을 기념하기 위해 만든 시집이다. 이 시집에 실린 시인들의 거의 대부분은 이제는 폐간된 『문학과지성』과 직접·간접적으로 관계를 맺어온 시인들이다. 어려운 시대에 문학을 한다는 단 한 가지 이유만으로 서로 알게 된 사람들이, 흥부네 집 단칸방에 모여 있는 아이들처럼, 지나치게 많이 모여 있는 것이나 아닌지 자문하는 순간, 추울 때에는 많이 모여 입김으로라도 추위를 막아야 한다는 삶의 지혜가 머리를 스친다. 그런 의미에서, 여기 실린 시들은 모두 추위를 이겨내려는 입김이다. 그 입김에 얼어붙은 몸과 마음이 다소나마 녹을 수 있을까? 우리는 따뜻한 곳에서 평화롭게 살고 싶다.

엮 은 이

차 례

▨ 책머리에

高銀

高靜熙

金光圭

金明秀

김정환

김형영

김혜순

마종기

달 외 4편

高　銀

달

서러운 역대 조선 사람 다 울어준 너
어찌 달이겠느냐

어찌 달 아니겠느냐

귀

캄캄한 밤 파도 소리야
네 말을 듣기 위하여
내 반평생 벙어리도 좋구나
파도 소리야

파도 소리야

매 한 마리

서리 찬 아침 뛰쳐나와라
매 보아라
매 보아라
어느 놈 독수리 수리 겨루랴
동령 털 일곱 치 매서운 몸매
날쌘 나래 칼 접고
금빛 눈알이여
큰 벼랑 천길 낭 찍어낼 힘 형형하구나
날카로운 네 부리로 쌍발톱으로
네 앞에 어느 놈이 나서겠느냐
단 하루
단 한 평 허공도 놀리지 않고
꿩 스무 마리 잡고 나서 싱싱하구나
그렇다 내일에는
수호랑이 눈깔 찍어 넘어뜨리고
이윽고
너와 나 새 세상이구나

일 몇 가지

참깨 농사에는
논농사에는
저 거시기 소 돼지 키우는 데는
그것들이 다 자라나는 것들이어서
돌보는 때 따로 없다
오밤중에도 벌떡 일어나 나가보아야 한다
이것이 정치가 되어야 한다
갓난아기 키우는 데
밤낮을 가리는 어미 없다
이것이 정치가 되어야 한다
땅이 만물을 세우는 데
천년 내내 쉴 사이 없다
이것이 시가 되고 정치가 되어야 한다
시는 잠이 아니다 무덤이 아니다 정치 아니냐

이디오피아

지구는 치욕이다
백만 명이 죽었는데

백만 명이 또 죽어간다
탕 탕 탕 총 맞아 죽지
굶어죽다니
굶어죽다니

이디오피아는 세계의 정체다
인류
정의
국가
사랑
문명
양심
신
이런 것들이 뭐냐고
도대체 뭐냐고 외치고 있다
아니다 그저 죽어가고 있다
1984년 1월 6일
종로 5가 식당에서
나는 곰탕 한 그릇 먹고 일어섰다

관계 외 6편

高　靜　熙

관　계

싸리꽃 빛깔의 무당기 도지면
여자는 토문강처럼 부풀어
그가 와주기를 기다렸다
옥수수꽃 흔들리는 벼랑에 앉아
아흔번째 회신 없는 편지를 쓰고
막배 타고 오라고 전보를 치고
오래 못 살 거다 천기를 누설하고
배 한 척 들어오길 기다렸다
그런 어느 날 그가 왔다
갈대밭 둔덕에서
철없는 철새들이 교미를 즐기고
언덕 아래서는
잔치를 끝낸 들쥐떼들이
일렬횡대로 귀가할 무렵

노을을 타고 강을 건너온 그는
따뜻한 어깨와
강물 소리로 여자를 적셨다
그러나 그는 너무 바쁜 탓으로
마음을 가지고 오지 않았다
미안하다며
빼놓은 마음 가지러 간 그는
다시 돌아오지 않았고
여자는 백여든아홉 통의 편지를 부치고
갈대밭 둔덕에는 가끔가끔
들것에 실린 상여가 나갔다
여자의 히끗히끗한 머리칼 속에서
고드름 부딪는 소리가 났다
완벽한 겨울이었다

현대사 연구 2
──어떤 대화

선생님, 저는 81학번이에요
선생님 시대의 희생타지요
우리는 자율성을 알지 못하거든요
학생 운동은 쭈쭈바이구요
어른들은 그늘에 앉아

땀 식히며 쭈쭈바 빨지요
거대한 공백기
80년대는 공백기 아닌가요, 왜
대형 사건들은 비석만 세우고
지식인 사회는 이빨만 쑤시죠?

칠십년대는 다른 시대였어요
길가는 사람들을 꿈틀이게 했구요
잠자는 사람들을 서늘하게 만들었으며
일하는 사람들의 가슴에
푸른 못 하나씩 자라나게 했지요
가슴에 못 하나씩 자라나는 사람들은
술을 마시면서도 비틀거렸지요
아, 나도 푸른 못 하나로 비틀거렸다가
행선지 밖으로 밀려나버렸죠
그러나 팔십년대는 달라요 아
다르지요
우리는 지금 줄 안에 있거든요
다만 줄 안에서 춤을 추지요
비틀거려서도 뾰쪽해서도 안 돼요
줄을 넘는 게 반역이라면
줄을 이탈하는 건 불온이란 말 말입니다
독 안에 든 쥐
한번쯤 '생각은 해' 보셨습니까

너·넷

최후의 통첩처럼 은사시나무숲에 천둥번개
꽂히니
천리 만리까지 비로
쏟아지는 너,
나는 외로움의 우산을
받쳐들었다

너·다섯

너를 내 가슴에
들어앉히면
너는 나의 빛으로 와서
그 빛만큼 큰 그늘을 남긴다
그늘에 서 있는 사람
아벨이여
내가 빛과 동침하는 동안
그늘을 지고 가는 아벨이여
(나의 우울한 숙명)
단 하나 너마저

놔야 하느냐?

너·여섯

너에게로 가는
그리움의 전깃줄에
나는
감
전
되
었
다

네가 그리우면 나는 울었다

길을 가다가 불현듯
가슴에 잉잉하게 차오르는 사람
네가 그리우면 나는 울었다
목을 길게 뽑고
두 눈을 깊게 뜨고

저 가슴 밑바닥에 고여 있는 低音으로
첼로를 켜며
비장한 밤의 첼로를 켜며
두 팔 가득 넘치는 외로움 너머로
네가 그리우면 나는 울었다

너를 향한 기다림이 불이 되는 날
나는 다시 바람이 되어
그 불 다 사그러질 때까지
어두운 들과 산굽이 떠돌며
스스로 잠드는 법을 배우고
스스로 일어서는 법을 배우고
스스로 떠오르는 법을 익혔다

네가 태양으로 떠오르는 아침이면
나는 원목으로 언덕 위에 쓰러져
따스한 햇빛을 덮고 누웠고
달력 속에서 뚝, 뚝,
꽃잎 떨어지는 날이면
바람은 너의 숨결을 몰고 와
측백의 어린 가지를 키웠다
그만큼 어디선가 희망이 자라오르고
무심히 저무는 시간 속에서
누군가 내 이름을 호명하는 밤,
나는 너에게 가까이 가기 위하여
빗장 밖으로 사다리를 내렸다

꿈의 해저로 내려가는 사다리
그 어딘가에 너는 산다고 했다
그곳에 카메라를 내리고
나는 수백 번의 셔터를 눌렀다
너의 가슴을 담기 위하여
너의 아픔에 가까이 가기 위하여
물푸레 사이에서 셔터를 누르고
돌고래떼와 암초 사이에서
찰칵찰칵 셔터를 눌렀다
하루 이틀 사흘 나흘……
수없는 나날이 셔터 속으로 사라졌다
내가 꿈의 현상소에 당도했을 때
오오 그러나 너는
그 어느 곳에서도 부재중이었다
달빛 아래서나 가로수 밑에서
불쑥불쑥 다가왔다가
이내 바람으로 흩어지는 너,
네가 그리우면 나는
울
것이다

내 슬픔 저러하다 이름했습니다

어제 나는 그에게 갔습니다
그제도 나는 그에게 갔습니다
그끄제도 나는 그에게 갔습니다
미움을 지워내고
희망을 지워내고
매일 밤 그의 문에 당도했습니다
아시는지요, 그러나
그의 문은 굳게 닫혀 있었습니다
완강한 거부의 몸짓이거나
무심한 무덤가의 잡풀 같은 열쇠 구멍 사이로
나는 그의 모습을 그리고 그리고
그리다 돌아서면 그뿐,
문안에는 그가 잠들어 있고
문밖에는 내가 서 있으므로
말없는 어둠이 걸어나와
싸리꽃 울타리를 만들어주었습니다
어디선가 모든 길이 흩어지기 시작했고
나는 처음으로 하늘에게 술 한잔 권했습니다
하늘이 내게도 술 한잔 권했습니다
아시는지요, 그때
하늘에서 술비가 내렸습니다
술비 술술 내려 강물 이루니

내 슬픔 저러하다 이름했습니다
아마 내일도 그에게 갈 것입니다
아마 모레도 그에게 갈 것입니다
열리지 않는 것은 문이 아니니
닫힌 문으로 나는 갈 것입니다

늙은 소나무 외 2편

金　光　圭

늙은 소나무

새마을 회관 앞마당에서
자연 보호를 받고 있는
늙은 소나무여
시원한 그림자 드리우고
바람의 몸짓 보여주며
백여 년을 변함없이 너는
그 자리에 서 있었다
송진마저 말라버린 몸통을 보면
뿌리가 아플 때도 되었는데
너의 고달픔 짐작도 못 하고 회원들은
시멘트로 밑둥을 싸바르고
주사까지 놓으면서
그냥 서 있으라고 한다
아무리 바람직하지 못하다 해도

늙음은 가장 자연스러운 일
오래간만에 털썩 주저앉아 너도
한번 쉬고 싶을 것이다
쉬었다가 다시 일어나기에
몇백 년이 걸릴지 모르겠지만
너의 졸음을 누가 막을 수 있으랴
백여 년 동안 뜨고 있던
푸른 눈을 감으며
끝내 서서 잠드는구나
가지마다 붉게 시드는
늙은 소나무여

공표 또는 가위표

미리 주어야 한다고
사람들은 말했다
끝난 다음에 주는 것이
우리의 예의 아닌가
나의 생각은 옳았다
그들은 아무런 내색도 없이
터진 수도관을 고치고
막힌 하수구를 뚫고
끊어진 전선을 연결하고

새로 지은 집을 재어보고
도난 사건의 현장에 출동했다
그들이 말없이 돌아간 뒤 그러나
수압이 약해 물은 나오지 않고
길바닥으로 구정물이 넘쳐흐르고
계량기는 엄청나게 돌아가고
준공 필증은 나오지 않고
도둑은 낮에도 나타났다
사람들의 말이 맞았다
시작하기 전에 받는 것이
그들의 관습이었다
누구나 떳떳하고
평화롭게 살아가려면
예의를 지키는 것이 옳은가
관습을 따르는 것이 맞는가

믿을 수 없는 일

그는 1897년 라인란트에서 태어났다.

25세 때 국가사회주의독일노동당에 가입, 4년 만에 나치스의 베를린 대관구 지도관이 되었고, 나치스 기관지 『안그리프』의 편집국장으로 6년간 활동하였으며, 1933년 히틀러가 집권하자 국민 계몽 및 선전 담당 장관이 되었다.

　검열, 금지, 수색, 압수, 분서, 연행, 구속, 투옥, 처형 등을 통하여 그는 문학, 예술, 언론, 방송, 영화 등 거의 모든 문화 공보 분야를 획일적으로 탄압, 통제하였다.
　그는 또한 유태인 박해의 선봉이기도 했다.

　독재자에 대한 그의 충성과 파시즘에 대한 그의 신념이 얼마나 투철했던가 하는 것은, 히틀러가 유언에서 그를 수상으로 임명해둔 사실을 보아도 알 수 있다.
　1945년 제3제국이 패망하자 그는 베를린에서 가족과 함께 자살했다고 한다.

　그러나 믿을 수 없는 일이다.
　지금도 그는 자기보다 훨씬 젊은 나이로 이 세상 곳곳에서 활약하고 있지 않은가.

동전 한 닢 외 2편

金　明　秀

동전 한 닢

오늘 낮, 차들이 오고 가는 큰길 버스 정류장에
10원짜리 동전 한 닢이 길바닥에 떨어져 뒹굴고 있었
다

육중한 버스가 멎고 떠날 때
차바퀴에 깔리던 동전 한 닢
누구 하나 허리 굽혀
줍지도 않던
테두리에 녹이 슨 동전 하나

저녁에 집에 오니 석간이 배달되고
그 신문 하단에 1단짜리 기사
눈에 뜨일 듯 뜨이지 않던
215번 버스 안내양의 조그만 기사

만원 버스에 시달리던 그 소녀가
승강대에서 떨어져 숨졌다 한다

버　섯

숲 너머 저편 밝은 세상은
환한 꽃도 활짝 핀
햇살 속인데
어두운 골짜기 습지로 가면
남몰래 돋아나는 울음을 보네

꽃 한번 피워보랴
씨 한번을 맺어보랴
인적 없는 습한 땅에 홀씨로 돋아

누구 위한 끝 모를 상사이더냐
네 무슨 그리움 그리 많길래
큰 눈물 비온 뒤에 벌겋게 돋았느냐

앵무새의 혀

앵무새 부리 속에 혓바닥을 보았느냐?
누가 길들이면 따라 하는 목소리
그 목소리 아닌 말을 단 한 번 하고 싶은
분홍빛 조봇한 작은 혀를 보았느냐?

황색 예수전 3-8

김　정　환

할배는 할배는
발뒤꿈치이 하고

할매는 할매는
팔뒤꿈치이 하고

낮이면 우리는 숨바꼭질을 했다 6·25 때 파괴된 고철
탱크가 있는 양조장 달이 뜬 밤은 몰래 빼내도 빼내도
끝없이 지남철 솟아나오는 밤, 쉿, 들키면, 안 돼, 낮
이면
숨바꼭질을 했다 양조장 옆에 세워논 노깡 속으로 숨
어
밖은 쩡쩡한 대낮, 어둠 속에서

　　꼭꼭 숨어라 머리카락 보일라
　　꼭꼭 숨어라 머리카락 보일라

노깡 속에서 어둠은 오히려 편했지 온몸을 감싸주는

것처럼

　부끄런 몰골을 감춰주는 안온한 손바닥처럼, 어둠 속
에서

　　누군가의 눈초리가 나를 발각할 때까지
　　누군가의 털 난 손이 내 어둠의 살을 더듬을 때까
　지

어둠은 내 몸이 됐다, 어둠 속에서

　　누군가의 눈이 나를 알아볼 때까지
　　누군가의 손이 나를 잡아줄 때까지

밤이었는가 밤이었는가, 지금은 밤이, 은밀한 밤이
이렇게 우리를 배신했는가, 밤이, 몸서리치는 밤이,

　　왔다, 꼭꼭 숨어라 머리카락 보일라
　　쉿 !, 꼭꼭 숨어라, 머리카락 보일라

나는 모른다 그때의 그 어둠이 신화였는지 아니면
동화였을까? 어둠은 이미 그때부터 우리를 속이고 밤
은

　　밤은 깜깜하게 요지부동이면서

우리를 바싹 뒤따르며 살금살금 발자국 움직였던 것인

지

　나는 모른다 추억이었을까 빼앗김의 역사? 지금은 밤
이,
　어둠이 쇳소리를 내면서 도처에 잠복해 있다, 총칼과
살기.

　　빛은?
　　대낮은?

　아침저녁으로 이를 닦는다 죄진 것은 내 이빨이 아닌
데
　이를 악물며 써억써억 비비다가 입술을 쇠창살 사이로
　비죽 내밀고 새하얀 치약 거품을 배앝아내면서 아아
햇살
　생각한다 그대가 밝혀놓았을 그대의 치명적인 광명이
여
　충혈된 그대 눈자위 속 광활한 벌판이여 이루지 못한
그대는
　기침의 테러리즘? 징역을 살면서 늘상 하는 일이지만
그대
　오무린 입은 솜씨 있게 하늘을 향해 무사히 배앝아올
리지
　못한다 언제나 배앝음은 염치를 모른다 아름답지 않다
배
　앝음은 깨끗함을 모르고 쇠창살 위로 묻어내리는 거
품·

잇새에 끼인 콩밥찌끼·잇몸이 무너진 괴혈핏덩이·빨갱이야

....
너는 피 섞인 거품은 내 얼굴 바로 곁에서 너는 빨갱
....
이야,

어느 무기수는 앉은 자세에서 젖가락 두 짝으로 날아
가는

파리를 잡는다 느린 시간의 속도에 속속들이 익숙해지
는

그 경지는 무엇? 서투른 나는? 누구?와 몸섞고 있는지
슬픔?

혁명? 빨갱이야 너는! 익숙해지고 싶지 않다 슬픔은 두
개로

갈라져 있다 엄연한 눈동자처럼 그러나 오히려 내가
여기서

기다리는 것은 또한 슬픔의 거대한 정체가 낱낱이 드
러나는

그 구원의 오직 한 순간? 밤마다 내 코가 박혀 잠을 청
하는

동료 죄수들의 무좀 걸린 발바닥 사이에 있는 퀴퀴하
고 뜨건 냄새?

　　"내가 헐벗고 굶주리고 있을 때
　　너희들은 어디 있었느냐?"

빛은?
대낮은?

그냥 시골길이었어 관광버스 한 대 겨우 지나갈까 말
까 한 들길
자갈과 풀밭과 망초꽃 사이로 난 오솔길 정도였는데
국민학교 적
소풍길 같았어 탄생 이전의 죽음에 가까운 아늑한 고
요 지즐대던
햇살 섞인 시냇물 그러나 우리가 찾아가는 것은 탄생
이후의 죽음
길은 갈수록 어떤 끔찍한 정적 그 사이로 난 길 추억과
예감이
불길하게 교차됐다, 따스함에 소름이 돋는, 미망(未亡)
의 어른이 되어
걷는, 안도와 뉘우침과 힘없는 노여움의 길 그대는 죽
었는가 그대는
떠도는 넋이 되었는가 망월동 공동 묘지 수천 명이 희
생되었다는데
평화로운 숲속에 고요 따스한 온 산에 아아 햇살 습기
축축한
흙은 살기(殺氣)로 영롱하다 밟힌 잡풀들과 더불어 이
슬 젖은 흙내음
풋풋하다 부챗살로 퍼지는 햇살 어머니 손잡고 동무들
과 여선생님과
삶은 계란 도시락 리꾸사꾸 메고 원족 가던 이 길 탄생
이전의 죽음
탄생 이후의 죽음 그 사이 아늑한 고요와 소름 끼치는

정적 그 사이
　꿈틀거리는 미모사 잎새 하나, 밤송이 나무 밑, 풀밭
속에서

　　저만큼
　　지렁이 꿈틀만큼이라도
　　움직여주셔요. 제발. 당신의 고요.
　　당신의 거짓부리 고요.
　　가르쳐주셔요. 당신의 뉘우침과 배반.
　　탐욕의 반짝임이라도 보여주셔요.
　　참을 수 없어요. 당신의 고요.
　　색깔 없는 잿빛 기다림의 세계.
　　두레패 농악 같은
　　산천초목 같은
　　당신의 총천연색을 보여주셔요.
　　핏속에 있는 아주 자그만
　　땀 속에 있는 아주 미미한
　　혁명같이
　　당신도 참으시면 안 돼요. 이 세상의 고요.
　　참을 수 없는 정지.
　　참을 수 없는 지평선.
　　움직여주셔요. 당신의 고요.
　　당신의 거짓부리 고요.

그래 맞았어 그것은 슬픔의 힘이었다 그냥 시골길
관광버스 한 대 겨우 지나갈까 말까 한 풀밭과 망초꽃

사이로 난 오솔길 정도였는데 그냥 소풍길이라도
좋았지 망월동 공동 묘지 수천 명이 희생되었다는데
그냥 잡초 무덤 몇 백 기만 봉그마니 가여운 젖가슴처
럼
봄날 뙤약볕을 받고 있었어 바람에 흩날리는 현수막이
한 개라도 있었더라면 초라할망정 기념비 하나 세워져
있었더라도 그렇게까지 쥐죽은듯 고요하지만 않았더라
도
하필 그날 뙤약볕조차도 죽음의 안온한 손바닥처럼
그 잡초 무덤 백 몇 기를 감싸고 있지만 않았더라도 덜
그랬을 건데 갑자기 여자의 앙칼진 흐느낌이 땅에 쏟
아져
하늘을 찢었고 우리는 어느새 멍하니 눈물만 솟았지
덮쳐누르던 그 울음의 무게 혹은 간신히 이를 악물고
혹은 아예 엎어져서 이 순간만은 역사도 희망도 없이
대책도 없이 그저 망연히 울고만 있었는데

　　신기하게도

그 망연자실한 슬픔은 힘이었어 우리들의 생애를 내내
규정지을 그것은 총체적 폭발이었으며 참담한 좌절이
자
거대한 힘이었다 참혹하도록 아름답게 해방된 세상의
예감, 뇌가 씻겨지는 아픔이자 기쁨 충격이자 감동 분
단된
나라에 사는 한스러움과 분단을 딛고 우리가 마침내

이룰
　세상, 가면서 흘려야 할 그 피땀들이 결코 헛된 것은 아닐
것이라는, 우리들이 두 발 딛고 버둥거리는 이 땅이 어차피
　그 피땀들로 인해 변혁될 것이다 그 슬픔 앞에서 너희들이
한 짓은 그 무엇? 중앙 집권 속에서 너희들이 한 짓은? 물론
　그랬지 일간스포츠 만화 고우영 삼국지 열국지에서 나날이
　일상적으로 큰 칼로 졸개들의 머리를 십 명씩 백 명씩 수천 명씩
　무더기로 자르고 잘린 그 모가지에서 유인물 냄새 시커멓게
　흘러 우리들의 안방에 흥건하게 고이는 피도 섬뜩한 이불
　속 블랙 코미디 음흉한 웃음 그 따위에 속지 않는 그 망연자실한
　슬픔은 힘이었어 우리들 모두의 운명을 규정지어버릴 그
　거대한 슬픔 속에서 다시 희망이 그 처참한 희망이 그 피 흘리는
　역사가 되살아났다 절대로 크지 않은 목소리로 그러나 단호한
　일용의 양식 같은 목소리로 그랬어 광주에서 그 피의 5

월에

하느님은 대낮의 밝은 햇살 혁명적인
슬픔의 아름다움
아름다움으로 우리를 옭아매려 하셨던 것은 아니다

　　버릴 수 없으리 버릴 수 없는 이 지상에서
　　아름다움이여 우리가 또한 이 식민지에서
　　그대를 사랑하는 것이
　　역사를 위해 뼈아픈 힘이 되어야
　　하리, 뼈아픈 아름다움의 이 지상에서

　　혁명적인 아름다움 속으로
　　해방되고 싶다
　　하느님에게로 이어지고 싶다

우리들의 미래가
눈부시게 떨리는 흔들림으로
아아 망설이는 몸짓으로
오더라도, 그대여 벗어날 수 없는 이 지상에서
우리들의 미래가
그대의 슬픈 아름다움을 꿰뚫는 그 속에 있나니

　　이 세상 혁명 전야의 노래는 왜 모두 그리도
　　슬펐던가 거대하게 웃음은 완성된 체제 속에서?
　　슬픔의 방향 감각이여 동참이여

저 길을 가야 한다
식민지의 밥과 물을 먹고 저 길을 가야 한다
그대를 사랑하는 것은
분단에서
통일로 가는 길인가?
저 길을 가야 한다
저 크리스마스 캐럴과 네온 사인 출렁거리는
유혹과 흔들림의 거리를 가야 한다
낯익은 쾌락의 지옥을 꿰뚫고 가야 한다
사랑도 타락도 모두 아픔이리, 그대
이 저질러진 식민지에서
홍등가 불빛이 어둠과 단짝을 이루는 것과 같이
백화점 휘황한 조명이 침략과 단짝을 이루는 것과 같
이
삶도 죽음도 모두 아픔이리, 그대 그러나
사랑한다 사랑한다 사랑한다 사랑한다
저 길을 가야 한다
그대를 잊기 위하여
그대인 길, 길인 그대
그대를 잊고 그대를 사랑하기 위하여
이 세상 온갖 아픔인 그대
이 세상 온갖 저질러짐인 그대
사랑의 개념을 위하여
그대인 길, 길인 그대
그대를 잊고 그대를 사랑하기 위하여

내 잊음 속에 그대를 살과 피와 미래로 받아들이고
하여 그대가 내 몸 속에 들어와
우리가 함께, 그대와 내가 함께 그대를 잊듯이
저 타락한 도시의 몸 속을 가야 한다
음침한 뒷골목도 가야 한다
저 길을 곧장 뚫고 가야 한다
그대를 사랑하는 길이
그대를 통과하는 길이듯이
통과하며 그 통과 속에서 다시 그대와 동행하고
그대도 그대 자신을 스스로 관통하는 길이듯이
사랑의 체위가 그렇듯이
저 식민지 더럽혀진 오욕의 길을 가야 한다
피해가지 말고
넘어가지 말고
백안(白眼)으로 가지 말고
한없이 한없이 받아들이며 가야 한다
더러움은 아직도 우리를 더럽히지만
우리 쓰러져 흘린 피로 깨끗하리,
가다가 쓰러지더라도
쓰러져 흘린 피로 그대를 세례할 수 있으리
내 몸 속에 들어와 있는 그대가
그대와 내가
세례할 수 있으리, 그대 깨끗한 아름다움이여
저 허망한 인파들의 거리를 곧장 질러가야 한다

어쩔 수 없이 사랑하듯이

아름다움 속에 든
그 치욕과 고난의 역사마저도 사랑하듯이

    그대를 사랑하는 것은
    분단에서 통일을 사랑하는 것과 같이
    죽음으로 가는 길인가?

    아내는 공무도하가 부르며 오손도손 살고 싶다고만 하
고
    종로통이나 을지로통 러시 아워 때는 클랙슨 빵빵대는
소리
    흐르는 인파 흐르는 네온 사인 흐르는 신호등이 꼭 흐
르는
    시시퍼런 강물만 같아요 달리는 택시와 버스와 택시는
그저
    님 앞에서 휘황한 평행선으로만 씩씩거리며 달리고 건
널 수
    없는 강 건널 수 없는 평행선 달리는 자동차 행렬 살기
띤
    욕질과 운전대를 잡은 손목근육심줄과 호루라기 소리
신호등
    껌뻑대고 달리는 택시와 택시의 평행선 그 잠깐 틈난
새를
    노려 그 빈틈을 노려보아도 님은 아직도 그 틈을 직각
으로
    재빨리 통과하는 법을 모르신다고 가로지르는 법을 모

른다고
　움직이는 것의 존재를 무시하고 움직임의 속도만 계산해야
　하신다고 도회지 야박한 계산법을 아직 모르신다고 아직
　달리는 차는 달려서 지나갈 차가 아니라 술 취한 뒤꽁무니를
　쫓는다고만 생각하신다고 님은 취객 님은 그 눈 딱감는 법
　안심하는 법 치사한 배짱 그 장사와 삶의 구분법을 모른다고
　아내는 공무도하가 부르며 오늘도 무사히 아이들 생각도
　해야 한다고 우리 님은 어쩔 줄 모르고 공무도하 공경도하
　달려가는 차는 쫓아 달려와 덮쳐오는 차로만 보이고 모든
　것이 당신 책임으로만 보인다고 차와 차 사이의 운동 사이
　님은 달리는 차보다 앞장서 먼저 뛰신다고 달리는 차와
　같은 방향으로 그러나 달리는 차는 님의 걸음 걷잡을 수
　없이 빠르고 양팔로 허공을 휘휘 저으며 사람 살려 사람 살려
　우리 님은 소리소리만 연방 비명 지르신다고 피난살이

걱정
　이사 걱정 개헌정치일정 걱정 우리 님은 사람 살려 사
람 살려
　소리소리만 연방 비명 지르신다고

　돌아가고 싶더라도 그대를 사랑하는 길이
아니므로
사랑의 체위처럼?
사랑의 체위처럼

　그대를 뚫고 그대와 함께 그대를 지나가는 것
마침내 그대, 아내여 아름다움이여

　돌아가고 싶더라도 그대를 사랑하는 길이
아니므로
추억이여 죽창 들고 일어서라

　　논둑길 따라 벼메뚜기 뛰놀고
　　봄날 햇살에 패인 웅덩이
　　이제 막 생겨난 올챙이알이
　　아롱다롱 갈앉아 있었지
　　다롱다롱 떠 있었지
　　할배는 할배는 발뒤꿈치이 하고
　　할매는 할매는 팔뒤꿈치이 하고
　　비 개인 날 질편한 발자국 밑에서
　　피어오르던 봄날

두엄 냄새도 코끝에 정다웠어라

식민지.
그러나 얼마나 숱한 피의 세월이
우리들의 과거를 또한
적시고 있는가
적시고 있는가

또한 사랑의 체위처럼?
또한 사랑의 체위처럼.

빼앗긴 아름다움의 추억이
비로소
핏발 선 무기가 될 수 있도록?

핏발 선 무기가 될 수 있도록
핏발 선 힘이 될 수 있도록.

통회 시편 1 외 3편

김 형 영

통회 시편 1

주님이시여, 나를 벌하지 말아주소서
화가 나시더라도
흐느끼는 이 소리 들어주소서

뼈 마디 마디 경련이 일고
내 마음 이토록 떨리는데
주님이시여, 나를 불쌍히 여기소서
이 목숨 살려주소서

내 피에 세금 붙이고
오찬에 만찬에 비틀거리는 자들
저들의 헛웃음 소리에
이 몸 피 말라 쓰러지오니

주님이시여, 저들의 헛웃음 소리 내치소서
이 몸 일으키시어
저들 앞에 나서게 하여주소서

통회 시편 2

누군들 낯들고
당신 앞에 나설 수 있으리오
죄의 그림자가 앞서가는데

통회 시편 3

나 비록 죄지은 몸이오나
주님께 고백하였더니
내 허물 덮어주시고
내 죄 묻지 않으셨도다

철없는 노새처럼 되지 않으려고
뙤약볕에 시든 풀잎처럼
나 주님 앞에 엎드렸더니

내 머리에 손 얹으셨도다

죽음의 파도가 밀어닥쳐
나 주님 품에 뛰어들었더니
이 몸 안아주시고
내 갈 길 일러주셨도다

통회 시편 4

내 죄 내가 알고
당신 또한 알고 있사오니
주님이시여, 나의 애원 들어주소서

형제를 모함하고
친구를 고발하고
나쁜 짓만 일삼는 자들
저들의 입에서는
날마다 거짓말만 새어나옵니다

저들의 거짓말에서
이 몸 구해주소서
저들의 거짓말은 독사의 혓바닥
숨겨진 이빨입니다

주님이시여, 저들을 벌하소서
저들의 독 묻은 이빨이 드러날 때
내 곁에 있어주소서

내 죄 내가 알고
당신 또한 알고 있사오니
주님이시여, 나의 항의 들어주소서

잠시 후의 나를 위하여 외 2편

김   혜   순

잠시 후의 나를 위하여

내가 왼손에 담배를 들고
오른손으로 라이터를 켤 때는
기저귀 찬 갓난아기 내가, 흰 칼라를
달고 선 소녀인 내가, 하이힐을 신고
기우뚱거리는 처녀인 내가, 오늘밤
너와 욕설로 술 마시는 내가, 잠시 전
의 내가, 모든 사람인 내가, 수만 개의
내가 왼손으로 담배를 들고
오른손으로 라이터를 켜는 것입니다

잠시 후 내가 두 콧구멍에서 연기를 내뿜을 때도
수만 개의 콧구멍들이 두 줄기
흰 연기를 내보내는 것입니다

다시 내가 손가락 사이에 술잔을 끼우고
벌려진 입 속으로 술을 부으면
수만 개의 손가락 사이에 술잔이 끼워지고
수만 개의 벌려진 입이 술을 마시며
수만 개의 염통이 아앗 취한다!
그 중에서도 기저귀 찬 갓난아기 나와 잠시 후에 나의
아가에게 기저귀 채울 내가 가장 큰 목소리로
아앗 취한다!

그런 잠시 후 네가 내 뺨을 정신차렷! 처얼썩 갈기며
일어서면
수천 수만 개의 내가, 내가내가내가내가내가
벌떡 일어서서
그 중에서도 서른 살 넘은 내가 가장 늦게 일어서서
수만 개의 입술을 벌려
수만 개의 파장을 울려
한 살짜리 고사리 같은 손가락을 곧추세워
두 살짜리, 세 살짜리, 네 살짜리
점점 길어지고 낡아지는 손가락을 곧추세워
그 손가락에다 반지까지 끼운 손가락을 곧추세워
오직 하나인 나를 가리키며
돼지 멱 따는 목소리로
나는 나란 말이야!

進 行

낡고 큰 책장이 한장 한장
찢어지듯
한 그루 뽕나무가 후두둑 후두둑
뽕잎을 떨구듯
세월에 묻혀진 壁畵가 조금씩 조금씩
먼지를 털 듯
전생이 걸어간다

전생이 걸어가듯
전생의 한 겹 땅속에서
나의 이승이 지나간다
물 한 모금 마시고
전생의 여인이 뽕나무 그늘에서 쉴 때
술 한 모금 마시고
이승의 내가 한 겹 땅 밑에서 오늘 이 시간
하품을 한다

낡고 큰 책장이 다 찢어지고
검은 책 뚜껑이 닫히듯
한 그루 뽕나무가 잎을 모두 떨구고
추위에 숨막히듯
한 점 壁畵가 모두 드러나

오늘 술 취한 내가 그림 속의 나를
무심히 바라보듯
전생이 마감된다

잠시 후 전생이 막 내릴 때
땅 밑에서 이승도 저문다
전생의 그 여인이 두 손에
어린 딸 같은 복숭아 하나 품고
전생을 쫓겨날 때
이승의 나는 빈 자루 하나 짊어지고
전쟁이야 전쟁이야
한 겹 아래 저세상으로
또 피난을 간다

전염병자들아 2
──한 세대는 가고 한 세대는 오되 땅은 영원히 있도다

1

겨드랑이에서 熱은 꽃처럼 피고
두 손목에서 맥박이 천둥처럼 울릴 때

생명을 내쫓는 의사들이 들어오고
한평생의 벽화가 문득문득 바래지고 있을 때

마지막 注射!
10秒간 꽃피는 黃金色 숨결의 행복! 우렁찬 遺言

──내 너희에게 黃金 저승을 선물하노니
黃金 물을 마시고
黃金 물감을 전신에 塗布하라, 경직하라

문득 문이 열리고
그들이 떠난 침상 위로
두 발을 올려놓고
산소마스크를 쓰며
앓기 시작하는 다음
세대여, 전염병자들이여

2

죽음 속에 한 번,
삶 속에 한 번,
담갔다, 꺼내면서
꺼냈다, 담그면서

썩어 문드러진 행복, 한입
던지면 재빨리 입 속으로
다시 쳐들어오는 희망, 한입
먹였다, 빼앗고
토할 때, 또, 먹이면서

때리면서
침, 뱉으면서
달래면서
약, 주면서

생명을 넣었다가, 꺼내면서
꺼냈다, 다시,
注射하면서
──어서 내놓아보시지
    감춘 아지랑이의 시작을
    네 머릿속으로
    도망가도 다 알아
    네 表象의 원흉을 내놓아
    보시지

3

그러나 깊은 밤
그들이 잠든 때
아닌 때
공포는 말을 타고 도착한다
공포는 나를 올라타고
이랴낄낄
몰고 다닌다
링거 바늘이 달아나고
비로소 관자놀이의
피가 솟구치고
한몸이 된 공포와
내가
옷을 벗어놓고
맨몸으로 솟구쳤다가
그들의 황금 물감 속으로
빠져들 때
내 눈은 놓치지 않는다
이미 떠나간 자들이
붉은 카펫을 깔고
기다리고 있음을
나를 위해 예비한
香燭이 불붙으려 함을

4

한 사람이 음메 하고 가다가
흙 속에 처박힌다
한 사람이 꿀꿀 하고 가다가
흙 속에 처박힌다
한 사람이 야옹 하고 가다가
흙 속에 처박힌다
한 사람이 꼬꼬댁 하고 가다가
흙 속에 처박힌다

모래시계가 단번에 쏟아지고
모래 속에 단번에 파묻힌다
쏟아지는 모래 더미 속에서
또 한 사람, 그 사람이
황금 옷자락 속에
지금 막 돋기 시작하는
꼬리를 감추고……

한세상 가득 싣고
마차가 먼저 떠나고
말이 될까 소가 될까
땀 흘리며 앓고 있을 때
그림자만 남은 세상이
일제히! 그림자 문을 열어
들어오시압!

外國語 詩 외 2편

마 종 기

外國語 詩

그 겨울의 추운 강당에는
저녁내 오던 눈소리 한결 커지고
노벨상 詩人 밀로즈씨는 갑자기
폴란드어로 自作詩를 외우기 시작했다.
눈 속에 서 있는 한 떼의 나무들이
더 정확하게 보이기 시작했다.
미국 중서부, 별일 없는 도시의 겨울밤,
관중은 어이없어하고 주위는 어두웠지만
한마디 알아들을 수 없는 밀로즈씨의 시가
무대를 차고 넘쳐서 暴雪이 되고 있었다.
혹은 검은 눈썹의 늙은 동구라파,
잿빛 하늘과 강물과 나무숲의 중간쯤
수시로 마른 빵을 씹는 流浪民의 꿈,
해결할 수 없는 겨울밤의 목마름.

아프리카의 갈대

사람은 생각하는 갈대라지만
아프리카 한복판 가뭄에 굶어 죽은
수십 만의 이디오피아 사람들은
무슨 생각을 하는 갈대였을까.
갈대같이 말라서 쓰러져 죽고 마는
아무 생각 못 하는 개미떼들이었을까.
그 갈대를 꺾어서 응접실을 치장하고
생각하는 갈대답게 아프리카를 본다.
두 눈을 뜨고도 앞을 보지 못하는
가죽만 남은 어린 것, 파리떼 엉킨 눈,
사진 설명에만 안타까워 흥분하다
치고 받는 데모, 치고 받는 투전에 흥분하다
판세에 휩쓸리면 몸 사리는 우리 갈대.
어차피 세상의 갈대밭은 불타고 말지,
땅이 타는 아프리카 불기에는
생각 없는 갈대가 무더기로 타 죽고
우리 땅의 불에는 언제 누가 타서 뒹굴까.

亡者의 섬

——當代의 詩人 에즈라 파운드는 배신자라는 낙인
때문에 그리던 고국에 돌아오지 못하고 외국
땅 이탈리아 '망자의 섬'에 죽어 묻힌 지 13년
이 되었다.

1

나는 詩를 버리더라도
먼저 바른 길을 가려보자.
센 바람 불어 쓰러지면 다시 일어나고
약속한 뜻은 겁이 나도 지키고
힘들면 울어도 포기하지 말자.
딴소리 하는 詩人은 허탕으로 듣고
웃음거리 되더라도 그냥 서 있자.
밤새워 깎고 다듬은 서툴은 끌질에
피 흘리고 떨어져나간 感傷의 햇수들
이제는 전신에 뜻 없는 상처로 남아도
내가 흥겨워서 벌였던 한판,
그 이상 내가 무엇을 바라랴.

2

에즈라 파운드의 고향은

감자가 많이 나는 아이다호州,
해마다 감자들은 생살을 째고
피 흘리는 생살을 흙에 비벼서
안 보이는 땅속에 양식을 마련한다.
고향의 감자꽃은 슴슴하지만
아프지 않고는 여기 살 수 없다고
아무나 감자 옆에 누울 수는 없다고
슴슴하게 웃고 가는 고향의 감자꽃.

3

섬에서는 亡者들이 소리 죽여 울고
우는 어깨 위에 나비가 앉는다.
작은 언덕이 바람에 밀려다니고
모두 부질없음을 알고 난 후에도
돌멩이 몇 개 언덕을 기어오른다.

밤에는 심한 비가 자주 내리는 섬,
빗소리에 잠이 깨면 그새 肉脫이 된 몸,
뼈 사이로 스미는 빗물의 차가움에
몇 개의 뼈는 벌써 피리 소리를 내고
온몸이 환히 보이는 亡者들의 부끄러움.

손금 외 4편

문 충 성

손 금

내 손금에서 눈부시게 자라나던 무지개여
이제는 눅눅한 찬 땀만 배어나누나
이 겨울 침침하게 눈은 내리고 애들아
우리들 서러움 죄 풀어 우리들아
어린 왕자의 무덤을 불밝혀내자
새파랗게 사금파리로 도깨비불을 빚어내자
길이야 많지만 언제나 도깨비불로 열리던 길
그러나 영영 돌아갈 수 없는 마법의 나라
그 나라에 사는 모든 존재의 아이들을
언 손 비비며 티없는 슬픔 속에서 잠깨어나게 하자 애
들아
애들아 어디에 있니
내 음성에도 풀풀
눈은 내리고 눈은 내려

누구의 손금 속에 갇혀 있느냐 시방
애들아 애들아 다시 만날 순 없겠느냐
지금 나는 혼자서
어디로 가는 것이냐
내가 없구나 동서남북
찬 땀이 강물을 이룬 길
동서남북 길이 보이지 않는구나
애들아 나를 찾아내다오 애들아 애들아

팔매질을 하다가

날아감이 시작과
날아옴이 끝에서
나의 팔매질은 언제나
눈부시다 연못을 향하여
팔매질을 하다가
잠자리, 참새, 까마귀, 꿩,
꿩꿩 꿩을 향하여
팔매질을 하다가
메아리, 저녁놀, 해 뜨는 아침
달밤을 향하여
팔매질을 하다가
유리창, 똥개, 도둑괭이, 쥐새끼, 뱀

뱀, 뱀뱀을 향하여
팔매질을 하다가
별을 향하여
하늘을 향하여
수평선을 향하여
팔매질을 하다가
시를 향하여
나를 향하여
팔매질을 향하여
팔매질을 하다가 팔매질을 하다가……

담　배

두 손가락 사이에서
두 입술 사이에서
두 이빨 사이에서
너는 나를 숨죽인다 황홀하게
나를 걸어다니게 하고
나를 앉아 있게 하고
나를 넘어뜨리고
나를 잠들게 하고
나를 잠에서 깨어나게 한다
나를 울게 하고

나를 웃게 하고
나를 풀어낸다
나는 충분히 자유롭다
사는 것도 자유 죽는 것도 자유
연기처럼 자유가 사라진다 할지라도
하품하는 나의 자유여
나는 노래를 부른다
두 손가락 사이에서
두 입술 사이에서
두 이빨 사이에서
쓸쓸하게
두 눈 감고
황홀하게

새점을 치며

1985년 5월이라 푸르른 날에
중앙로 한 귀퉁이에 쪼그려앉아
5백원짜리 새점을 답답하게
친다 파랑새도 아닌 검정새도 아닌
새하얀 새가 새야새야 조잘대며
점을 친다 조금은 창피해져서
점괘 읽는 소리를 건성으로 듣는 척한다

물가에 가지 말 것이며
남의 보증을 서지 말 것이며
얼굴 두셋 가진 사람들과 어울리지 말 것이며
벼슬일랑 꿈속에서라도 탐내지 말 것이며
이웃이
똥물을 울타리 너머로 흘려보내도 따지지 말 것이며
교도선 고압선이 집안 옆구리에 박힌 것을 보며
그냥저냥 죄업을 닦을 것이며
울타리는 허물어질 것이며
당신도 매일 허물어질 것이며……
아 놀라워라 놀라워라
말 못 하는 새도 훈련을 시키면 시킨 대로
이렇게 인간의 운명을 손발에 조그맣게 쥐고 웃는 아
름다운 5월에

나의 중년

1

무지개가 보이지 않는다
어머니가 보이지 않는다
그림자 속으로 뚫린 끝없는 오솔길
낯설기만 한 하늘
눈 비벼 쳐다보아도

이제는
나의 얼굴 하나
보이지 않는다 그러나
내 얼굴을 물끄러미 쳐다보는
내 얼굴 하나
꽃이 핀다 꽃이여
이내 시들 내 얼굴 하나
처자식들이 보이지 않는다
친구들도 보이지 않는다

2

너희들 간교함 속에 나는 있다
소주 두어 잔에 안주삼아 이 죽이듯
사람 잡는 그 술상 위에 나는 있다

꽃이 꽃으로 보이지 않는다 봄이 없으므로
울음덩이로 활짝 눈부셔오는 부재의 달콤함이여
새소리가 새소리로 들리지 않는다

빈 호주머니 속이거나
땀냄새 나는 구두 속이거나
아니면 한없이 자그만해지는 내 그림자 속에
나는 있다 없다 떠밀면 떠밀리는 그 자리에

어디에 그러나 과연 내가 있을까
나를 찾는다 겁이 난다

행여 나를 만나거든 안부나 전해다오
살았다 죽었다 안부나 전해다오

3

잠시 다녀오지
요즘은 꿈자리까지 사나웁고
자꾸만 한번 다녀가라고
몇몇 즐거운 이들 눈짓을 해

캄캄한 어두움의 나라 아니면 푸르른 밝음의 나라
생각 먹기에 달렸지
천당도 지옥도 없어
여기는 덥도 춥도 않군
넋이야 웃기지 마 있고 없고

돌아오라지만 그러나 갈 수 있을까
시간이 원수지 그럼 원수고 말고
시간은 누가 만들었냐 오 하느님
하느님을 사랑할 수밖에 없구나 어디서나
나의 사랑 나의 원수여……

어머니 외 2편

朴　南　喆

어머니

1

어머니에게서 전화가 왔다
어머니의 목소리는 떨리고 있었다
나는 밤새도록 잠을 못 자고 있었다 어머니의
떨리는 목소리에 우선 가슴부터 철렁했다

재홍이는…… 거기 갔드나……

웬일이세요, 이렇게 아침 일찍?
응…… 내가 니인테 머 부탁할 일이 하나 있아가……
동생은 첫 휴가를 나왔었다 그가 귀대하는 날 아침
나는 3만 원을 주자는 아내에게 단호히 2만 원만 줘서
보내라 했다

아버지는 잘 계시고요? 응…… 인자 논에 나가셨다……
아버지는 대구 공사장에서 내려오신 거로게군
우린 논을 다 팔았다 시골집은 저당잡혀 있고

웬일이세요, 말씀해보시라니까요, 통화료 올라가요……
아버님이 아무 일 없으시다면 우선 걱정은 어머닌데
이렇게 전화를 하시는 걸 보니 무슨 갑작스러운 노릇
은 아닌 듯하고

어머니와 나는 지지난 달에 똑같이 한양대 신경정신과
엘
들렀다 나는 신경쇠약이고 어머니는 나보다도 더 심하
시다
조금만 움직이셔도 픽 쓰러지시고 가슴은 마구 둥당거
리신단다

야야…… 내가 이거 자식한테 처음 하는 말인데……

어머니는 순간 목이 콱 막혀오셨다 돈이 얼마쯤 필요
해가
나도 순간 목이 콱 막혀왔다 어 얼마가 필요하세요, 어
무이……
나는 순간 눈물이 핑 돌았다 한 9마 넌, 아니, 아니,
딱 7마 넌만 하모 되겠구나……
나는 더욱 눈물이 핑 돌았다 어머니의 가슴 두근거리
는 소리가 마구 들려오는 듯했다

예에, 그걸 뭐 어렵게 얘기하세요 아무 걱정 마세요 어무이……

지난번 소아마비의 누이동생이 결혼할 때도 나는 한푼의 부조도 못 했었다 나는 그 누이를 미워하고 있었다, 아니 사랑하고 있었다, 아니 미워하고 있었다

그 누이는 그날 그 점촌의 예식장에서 90만 원의 현금과 라이카 카메라 한 대를 잃어먹었었지 자기가 나온 전문대학의 교수님이 주례를 서실 동안 신부 대기실에서는 그 돈과 물건이 증발하고 있었던 것 그리고 그 외제 카메라는 남에게서 빌려왔던 것

그런데 어디다 쓰실 건데요…… 어머니의 목소리는 좀 풀려왔다
응, 야야, 모심기를 할라카이 당최 현금이 있아야제…… 요새는 일손이 귀해가 논뚝에서 딱딱 돈 안 주모 일 안 해준다……

그까짓 농사 지아가 뭐해요! 나는 아니 그는 갑자기 고함을 버럭 질렀다
성대 정치과엘 다니다 군대에 간——그는 장학생이었다——
동생에 의하면 우리는 우리가 판 논의 소작을 하고 있었다
그리고 외갓집 돈 240만 원과 또 무슨 돈 170만 원 때

문에
　어머니는 거의 매일 울고 계셨고
　야야…… 아무리 그래도 농사꾼이 농사짓다가 농사 안
지으모…… 어머니의 목소리는 다시 감기기 시작하셨다

　나는 다시 눈시울이 뜨끔하여 예, 예, 알았어요, 알았
어요, 오늘 당장 보내드릴게요, 통화료 올라가이 빨리 끊
으세요, 어무이 건강 조심하시소……

　오야…… 내 걱정은 마래이……

　니 몸조심하고 어쩌고 하며 계속되는 걸 나는 수화기
를 딸칵 놓아버렸다
　내 울화가 치미는 흐느껴지는 목소리를 어머니가 너무
오래 들으셔서는 안 되니까

　어느 틈에 아내가 깨었던지 눈물이 흐르는 내 눈을
둥그렇게 쳐다보다가, 남산만한 배를 들먹거리며, 팔뚝
을 마구 함부로 쳐들며, 10만 원 보내자, 10만 원……
하며……

2

　지난번 선거에서 아버지는 민정당의 박 × 석씨를 어머
니는
　서 × 열씨를 그리고 동생들 셋은 모두 최 × 환씨를——
최 × 환씨는 성대 출신이다——찍었다 한다

그러면 이 잠실의 강동구에서 나와 나의 情婦인 나의
아내는 그 누구를 찍었었던가

글쎄 그건 나도 잘 모르겠다
나는 죽어도 의회주의자니까——

광인일지

1
헛수이, 쳐라!

저런 늙은 놈 보게
저 저 저 저
가랭이를 쭉 찢어 죽일

머 어째, 으쩨, 별들이 요절하는 소리 좀 들어보라고?

저 저 저 저 저,
저런 늙은 놈 보게

환갑이 지났으면 이젠 철
들 때도 됐을 텐데
국으로 주는 밥 먹고 그냥

가만있어도 책임도 많을 그 나이에

저 저 저 저 저, 으쩨
저런 늙은 놈 좀 보게
오입이 안 될 나이니까 이젠 원 별
소리도 다 하나봐

쩌 저 쩌 쩌 쩌, 더 쳐라, 원 별
별 ×지 껌 씹는 소릴 다 하네

저 저 저 저 저, 더 쳐라, 으쩨
저런 늙은 놈 좀 보게

저 저 저 저 저, 더 쳐라,
저런 늙은 놈 좀 보게

봐 봐 봐 봐 봐, 으쩨,

히히히히히히히…… 정말 죄송합니다……
요새 하도 장단이 맞지 않아서 그냥 장단 한번 맞춰보
았을 뿐입니다……

2

이제 잠들 좀 깨느냐
이제 잠들 좀 깨느냐
형제들이여 형제들이여

악머구리 같은 내 형제들이여
이제 잠들 좀 깨느냐

너무 아프더냐
너무 억울하더냐
형제들이여 형제들이여
이제 그대들이 깨어나면서
퍼부운 융단 폭격에 이제 내 몸은 병들었구나
형제들이여 형제들이여
아직도 내가 그렇게도 미우냐, 아으 슬웃븐뎌 아으
형제들이여 형제들이여 형제들이여
지하에서 깨어난 큰 사육신 형님들도 몇 분 계시는구
나

얼럴럴 네기럴꺼,
형제들이여 형제들이여 형제들이여
하늘에서 깨어난 큰 생육신 형님들도 몇 분 계시는구
나

세월이여, 시간이여, 역사여, 그리고 광주여!
세월이여, 시간이여, 역사여, 그리고 광주여!

유월 외 3편

박　태　일

유　월

더디 넘는
봉산도 재넘이
오라버니 치상길
치마폭에 감겨 젖는 소발굽 요령 소리며
사철쑥 덤불 아래
돌귀만 차도
산제비 날아가는 유월도 초사흘.

산 일

옛날에는 장상이 요샛말하믄 어른이 어디
예삿사람이 하는가 예삿사람이
자식 치산 논마지기 치산에 재주를 엮는데
그 재산이 산을 돌리고 강을 풀어 재산이
동방삭이 석숭이는 못 되어 아버지하고 어머니하고
산소를 치장하는데 산일을
사람 사서 떡메 쳐서 탁주도 먹이고
체모냥 혀를 놓아 빗돌도 세우고 사람들이
돌을 깎아 영세불망인지 이적에
그 어른이 그러니까 대처에서
손도 몽고 발도 빌어 장닭처럼 뒤도 쪼고
시셋말로 왜로 밑거웃이지 오랑캐라
그렇게 잘 살아부린 그 말이야
이야기 한 자락 하자믄.

동전을 만지면서 성지곡을

　동전을 만지면서 성지곡을 걸어갑니다 푸른 물 사마귀 방동사니 다시 고향에 돌아갈 것을 생각합니다 지금 벌밭에 기음맬 모단 아저씨 작은고모네 부엌에까지 비름나물 된장물에 툭진 봄이 왔겠지요 안의 이북 거창 이남에 자식 농사 저희만한 집안이 있었습니까 난리통엔 인민군이든 국군이든 군인 나가 고생할 자식인 양 귀히 빨래도 거들고 장조림도 꼭꼭 채워 보냈던 할머님 시집 사흘 친정 넘어와 엽전 구멍 숭숭 뚫린 고방벽에 기대어 자진했던 큰누님은 젯날 탕국이나 받았는지요 英美들도 못 본 대명천지가 가위 제 푼순가요 백원짜리 아버지 동전을 만지면서 옹기종기 입쌀을 까면 무슨 요량이 생기겠지요 장마물에 콩대 자라듯 팔남매의 막내 어느새 저도 백원짜리 아버지 되어 딸애에게 얼음과자 사먹이며.

모 란

　밀물이 돌려 세운 강진서 십리 大口 너른 물밑 보시기
대접 잿물 파란 항아리 귀대동이 ㅈ ㅊ ㅋ ㅌ 참나무 이
두박근 솔가지 타는 소리 섬을 둘려 마을 숨기고 그 기슭
밀리던 세월도 두 손 넘치면 저녁 햇살 비끼는 물능선 너
머 뚝뚝 영랑이 모란꽃잎 흩고 있다.

나사렛 예수 3 외 4편

徐　源　東

나사렛 예수 3

그 여자,
알몸으로 삐걱대는 침대에 누워 담배를 피우는

벌려진 가랑이 사이로 삐져나온
음모처럼 무성한 얘기들을 숨기고 있는
그 여자

막달레나마리아
아리마나레달막

달 밝은 밤 갈릴리 호수가에 쪼그리고 앉아
피에 젖은 허벅지를 씻어내린 뒤
다시 한 번 속바지를 추스르던
바로 그 여자

나사렛 예수 4

눈뜨면 보일 듯 보일 듯
나사렛 예수, 당신의 모습이
보이지 않고

귀기울이면 들릴 듯 들릴 듯
나사렛 예수, 당신의 목소리가
들리지 않는다

눈뜨면 뜰수록 보이지 않고
귀기울이면 기울일수록 들리지 않는다

나사렛 예수 5

당신이 받았다는 고통의 시간들, 당신이 겪었다는 고
난의 순간 순간들, 그리고 당신의 외로움과 슬픔의 흔적
들, 아무리 생각해봐도, 백만 번 천만 번을 생각해봐도,
나는 도저히 이해할 수가 없다. 그래서 나는 당신에게 묻
고 싶어진다. 자꾸만 물어보고 싶어진다.

———나사렛 예수,
　　나사렛 예수,
　　당신은 왜 神의 아들인가?

　차라리 당신이 그저 평범한 人間의 아들이었다면 그
일생이 얼마나 감동적이었을까 생각도 해본다. 그도 아니
면 요즘 흔히 나도는 사이비 종교의 敎主쯤이었다면, 하
다못해 시골 장터 한구석에서 북 치고 장구 치는 엉터리
약장수였다면…… 그러나 아무리 살펴봐도 당신은 너무
나 크고, 또한 내게서 너무나 멀리 떨어져 있다. 그래서
더욱더 이해할 수가 없다. 그렇기 때문에 자꾸만 되묻고
싶어진다.

———나사렛 예수,
　　나사렛 예수,
　　당신은 왜 神의 아들인가?
　　정말 神의 아들인가?
　　아직도 神이란 게 살아 있기는 있는가?

나사렛 예수 6

오늘도 새벽부터 예수를 찾아
영혼의 길 떠나는 저 사람들

수많은 사람들
가슴마다 예수의 얼굴과 모습 그린
초상화 한 장씩, 또는 흉상 한 점씩
꼬옥 끌어안고
머나먼 길 떠나는 저 사람들
수많은 사람들
그들의 예수는 어느 마을 어느 산골짜기
어느 마구간에 숨어 있는가?
아니면 카톨릭 교회 어느 모퉁이
그도 아니면 장로 교회, 침례 교회,
무슨 무슨 교회…… 그 많은 교회
어느 귀퉁이 어느 습기찬 구석진 곳에서
새우처럼 웅크려 잠들어 있는가?
그도저도 아니면 어느 하늘 나라 어느 선술집에서
켄터키치킨을 안주삼아 유유자적
생맥주라도 마시고 있는가?
또는 예쁜 숫처녀 만나 앵두처럼 고운
허벅지라도 쓰다듬고 있는가?
그 모두도 아니라면
그렇다면 도대체 나사렛 예수, 당신은
어디에 있단 말인가?
어제도 오늘도 내일도
그 많은 사람들 그 숱한 사람들이
당신을 찾았고 찾을 것이지만
예수는 어디에 있는가?
도대체 예수는 누구인가?

詩人 久甫氏의 一日[9] 외 2편

吳　圭　原

詩人 久甫氏의 一日[9]
——8月의 入院室에서

다친 곳은 분명 내 허리인데
우리는 두 다리가 아프다
다친 곳은 분명 내 허리인데
어린 아들과 나는
두 다리가 바투 아프다

아내는　大兄과짜고나를　入院시켰다나의여름은當日　大
兄의醫師와看病員外는　出入이統制되고監視所가서고　窓밖
여름의茂盛한잎사이로 새는모르스符號로울었다　우리나라
地圖처럼구부러져　누운나의허리는放置되고　다치지않은두
다리에내가　堪當해야한다고아내와짜고　大兄이준무게의足
鎖가매달렸다　다친곳은分明내허리인데當日부터　病院밖아
내의두다리와수상한者의다리가아프고　두손바닥만한窓으

로기어드는 햇빛의허리가구부러졌다나는 주는藥의質과量
에알맞추自由롭게아팠다 窓을움켜쥔엄청난여름은세로로
가득서서 나를自由롭게가지고놀았다國道처럼 地圖속에누
워있는나는다친곳은허리인데 두다리가아프고두다리를 묶
어놓은大兄의足鎖는足鎖가아팠다 여름은이미充分히자란
잎의허리를꺾고 새로돋는잎은꺾인허리위로 파란宿命의直
立을步行했다나는

　　두 다리를 잡아당기고 그들에게 웃고
　　옷을 벗기고 그들에게 웃고
　　검토당하고 그들에게 웃고 기꺼이

하루세번노란알藥을擔保로 하루分씩時間을貸付받았다 韓
國造幣公社의專屬모델인世宗大王이여 다친곳은分明한글
世代인내허리인데 아내는두다리가新武器로아프다고 여름
의朝刊은몇世紀늦게알려왔다 우리나라新聞들이活字를平
體로 漸次바꾸고있는것은韓國人의 눈을爲해서이다活字들
은 조금씩키가작아졌고나는 便해진내눈이進步된이視覺文
化의 時代를逆行하여舊式으로아프다舊式으로 아픈내눈에
새로돋는모든 잎은宿命의直立을步行하는데 美國의對韓貿
易壓力과南北韓故鄕訪問團을읽는 내눈을避해키가작아진
重要項이바퀴벌레모양 재빨리行間사이로도망가고도망가
고

　　저기 저 창밖의 여름
　　새로 태어나는

절망도
통조림도
무덤도 모두
直立을 하는구나

새로 생겨난 나의
간병원의 두 다리와
모르스 부호로 우는 새와
신문 밖의 이 여름 당신의
權力까지도!

다친 곳은 분명 내 허리인데
따로 떨어져
어린 아들과 나는
두 다리가 서로 바투 아프다

詩人 久甫氏의 一日[10]
——부산의 한 부두에서

이십사 년 만에 5·16 이후
처음 부산 충무동의 부두에
혼자 서서 하루분의 구두끈을
나는 고쳐 맨다 바다가 밀려
와도 지금의 나는 바다로 젖
지 않는다 서 있는 그 자리에
서 내가 육지로 파도친다 밀
수로 망한
누이 집 앵두의 잎은 잎맥의
끈을 그때처럼 충실히 고쳐
매고 부두의 간이 음식점 벽
틈에 뿌리박고 아침 저녁 파
도 소리 속을 자맥질하던 나
팔꽃은 이 아침도
바다와 육지의 이음새를 꿰매
고 있다 내가
태어난 식민지 시대 이후 지
금까지 잡종답게 색을 바꾸며
피지만 바다로부터 잡종의 해
도 곧잘 끌어올렸다

부두의 간이 음식점 벽에 걸
린 낡은 거울에도 바다는 차
오르고 라면을 먹는 내 젓가
락에 걸리는 수평선은 삶긴
라면만큼 흐물흐물 구부러진
다 흐물흐물해진
수평선을 목구멍으로 밀어넣
는 나를 반기는 이 아침 부두
의 나팔꽃 메아리는 어디서
벌써 한탕을 하고 오는지 찝
질하고 감미롭다 내가 누이
집에서
신고 버린 게다짝과 미군 군
화는 앵두나무 밑에 터를 잡
고 앵두 열매는 빨갛게
잘도 여전히 익고 있다 휴일
TV 화면에는 찬란한 샐비어
꽃잎 사이로 파란 바다를 밀
어넣고 충무동의 바다는 육지
에 밀려 아랫도리의 식민지가
다 젖었다
다 젖지 않았다
식민지 시대들은
다 젖지 않았다
신탁 통치 결사들은
다 젖지 않았다

다 젖지 않았다
금박 포장지와 라면 봉피와
순회 공영중인 「별」들은

다 젖었다 나는 나무젓가락으
로 다꾸앙과 비린내를 뚫고
오는 식민지 시대 이후 찝질
하고 감미로운 잡종의 메아리
를 라면과 함께 입 속으로 밀
어넣고는
식탁 위에 놓인 싸구려 베고
니아 한 송이에 가려 부산의
바다가 간신히 깨어지고 지워
지는 광경을 TV 화면 밖에서
본다 호화
여객선과 거대한
유조선이 지나가는 TV 속의
바다가 몇 개 남지 않은 섬의
발목을 잡고 수면 아래로 끌
어내린다 섬의 날개가 젖고
바다가 기운다 바다가 기울자
순간 카메라를 잡은 손이 바
다를 깨끗이 화면 밖으로 쏟
아버린다

식탁 위에는

　　내가 먹다 남긴
　　라면처럼
　　녹슨 의자에 걸려
　　끊어진 수평선이
　　툭툭툭 떨어져
　　　　구부러지고

이반 데니소비치의 하루

　봄이요, 1985년 3월이요, 재채기가 만발하는 데모로다
　이반은 최루탄 살포 지역을 피해 급히 충무식당으로
뛰어간다 일 인분의 밥그릇에 수북이 차오르는 백반의 높
이가 가장 확실하게 두툼한——

꽃피는 어머니 외 4편

이 성 복

꽃피는 어머니

1

문을 열고 들어가 너의 어미를 만나라
어미가 누워 있다 오래 전부터 앓아왔다
무슨 병인가 묻지 말고 어미의 뜨거운 이마를 짚어라
어미의 뜨거운 열이 너의 이마에 오를 때까지
기다려라, 너의 뜨거운 기다림이 어미를 태울 때까지

2

가건물 신축 공사장 한편에 쌓인 각목 더미에서 자기
상체보다 긴 장도리로 각목에
붙은 못을 빼는 여인은 남성, 여성 구분으로서의 여인
이다 시커멓게 탄 광대뼈와 퍼질러앉은 엉덩이는 언제 처
녀였을까 싶으잖다 아직도 바랜 핏자국이 수국꽃 더미로
피어오르는 오월, 나는 스무 해 전 고향 뒷산의 키 큰 소

나무 너머, 구름 너머로

　차올라가는 그네 위에서 그녀를 다시 본다 내가 그네
가 높이 차올려 그녀를 따라

　잡으려 하면 그녀는 벌써 풀밭 위로 내려앉고 아직도
점심 시간이 멀어 힘겹게, 힘겹게

　장도리로 못을 빼는 여인,

　어머니, 촛불과 안개꽃 사이로 올라오는 온갖 하소연
을

　한쪽 귀로 흘리시면서 오늘도 화장지 행상에 지친 아
들의

　손발에, 가슴에 깊이 박힌 못을 뽑으시는 어머니……

3

　각목 위에서 누이가, 구둣발 밑에서 해바라기가, 구둣
발 속에서 구둣발이

　헤매고 있었지(구두 속에서 발은 어떻게 영양 공급받
는가)

　사랑하는 어머니,

　아직도 뜨거운 땡볕 아래 흰 수건으로 머리 동이시고

　벽돌장 등에 지고 펭귄처럼 가파른 계단을 뒤뚱거리며
오르시는 어머니

　짐진 하루 해가 공사판 건너 숲속으로 지기가 그리 힘
들던가요

　베니어판 흙 떨고 모로 누워도 열덩어리 해는 지지 않
고

　어머니, 당신이 잠든 사이 곤한 사내들은 정관이 묶이

고 꿈의 뇌관이
　뽑히고 동네방네 애국, 애국, 애국 소리 딸꾹질 같아
　공사판 근처 일거리 없는 새들이 가랑잎처럼 흩어집니
다
　어머니, 해고되고 해고되고 떠돌아 목젖까지 차오르는
아우들이
　바람 불지 않는 가로를 날아갑니다
　아직도 저들은 공사판 근처를 기웃거리며
　마누라와 자식들 눈을 속인다고요,
　날아가세요, 어머니, 베니어판 집어 타고 해 떨어지는
곳으로!

4

　어머니, 오늘은 두 눈에 흙칠을 하고 벚나무 뒤에 숨어
도 긴 여름날의
　해는 지지 않고 풍화하는 회벽에 걸려 있고 달리는 버
스 창유리에 작열하고
　어머니, 당신이 기른 아들 가운데 하나는 닫힌 철문을
주먹으로 찧어
　피 흐릅니다 언제나 옳은 것은 그들이지요 언젠가 닫
힌 철문은 기억하겠지요
　어머니, 우리들 머리 위에 망치로 못질하던 여름은 멀
지 않아 갈 것입니다
　오늘 우리가 피 흐르는 손가락으로 파내어도
　파내어도 다하지 않는 붉은 진흙을 밟고 저들의 여름
은 지나가고 있습니다

저녁 여덟시 일당 사천오백 원으로 돌아오는 어머니,
당신을 뒤따르는

긴긴 여름해 아직은 지지 않고 불덩어리, 물덩어리 타
올라 공중에서 긴 꼬리별이 됩니다

5

세리들아, 내 아들의 입을 막아라 세리들아, 세리들아,
내 아들의 입을 막기 전에

모든 새들과 모든 짐승들의 입을 막고 모든 나뭇잎의
숨구멍, 땅구멍을 막아라

너희 중 하나가 막은 다음 다른 하나가 한 겹 더 막고
또 다른 하나가 한 겹 더

막아라 개칠을 하라 개칠을 또 하고 더 많은 개칠을 하
라 그런데 세리들아, 지금

너희 애쓰는 모습을 너희가 잠깐 보았으면! 그게 힘들
면 너희끼리 마주보기라도

하였으면! 우습지 않느냐, 세리들아, 정말 우습지 않느
냐?

꽃지는 아들

1

　시절이 슬퍼 강은 산속으로 숨어 흘렀다 동굴 속 어린
메아리가 물방울처럼
　떨어지고 흐린 날이면 담비들이 산을 내려와 그의 꿈
속에 코를 비볐다
　아무도 다스리지 않는 나라의 변경에 고요히, 쇠파리
가 끓었다

　날고기를 먹은 아이들이 딱정벌레처럼 높은 나뭇가지
위로 올라가고
　대낮부터 벌겋게 취한 사내들은 머리맡에 한 덩어리
토사물을 게워놓고
　편안히 잠들었다

　심장의 판막이 벗겨지고 그의 그리움은 고요히 끓는
무쇠솥 주위를 맴돌았다
　완강한 무쇠솥, 끓는 물 위로 해가 지고 해가 뜨는 평
화로운 날이었다

2

　여름이 가고 그에겐 쇠붙이 같은 그리움이 남았다 여
러 번 그는 지나가는 사람들을

잡고 그의 어머니를 아느냐고 물어보았다 그가 헛짚을
때마다 사람들은 절벽이었다
　마침내 그는 뒷걸음질로 벼랑을 내려가기 시작했다 그
의 그리움이 떠도는 변두리에는
　검푸른 연잎이 일대를 덮고 팔뚝보다 굵은 연뿌리가
목구멍으로 치솟았다 끝도 없는
　낙토를 향해 사람들은 허리가 굽고 머리가 세고 그러
는 사이 아이들은 자라 지난 겨울
　쌓아둔 모래 더미 위에서 털북숭이 이마를 흔들었다
언제부턴가 그는 악몽 속에서도
　그리워하는 법을 배웠다 퇴화하면서도 그는 그 여름
바소쿠리처럼 벙그는 연꽃을
　잊지 않았다 깨진 소주병 같은 희망이 비포장 도로 군
데군데 숨을 죽였다

3

　봄날 아침이었네 그가 내게 와서 자꾸만 가자고 했네
이마에는 해와 달이 부딪쳐
　울고 안개 사이로 나무들의 연한 발목이 끊어질 것만
같았네 그가 가자고, 가자고
　졸랐네 지난 여름 물이 넘친 개울가엔 먹을 것 없는 여
인들이 흰 수건을 머리에 두르고
　둠벙가의 애벌레처럼 굼실거렸네 아버지, 세상의 어머
니가 아파요…… 그의 중얼거림은
　그의 목을 졸랐네 봄날 아침, 빨리 달리는 자전거 바퀴
의 빗살처럼 세상의 앞날이 지워지고

있었네 그는 고개를 숙이고 묵묵히 내 내장 속으로 몸
을 들이밀었네 떠나지 않고
　우리는 흰 누에고치처럼 안개의 잠을 잤네 오, 개울가
엔 먹을 것 없는 여인들이 애벌레처럼 꿈틀거렸네

4

　오늘은 노는 날이에요, 어머니
　오랫동안 저는 아이를 낳지 못했어요
　오랫동안 자지 못했어요 먹지 못했어요
　어머니, 저희는 금빛 거미가 쳐놓은
　그물에 갇힌 지 오래 됐어요
　무섭지 않아요, 어머니
　금빛 거미가 저희를 향해 다가와요
　무섭지 않아요, 어머니
　금빛 거미가 저희를 먹고
　흰 실을 뽑을 거예요

슬픔에 대하여

1

一代를 흔들려 祖先의 가슴에 길을 열고
거기 손바닥만한 땅에 고추도 마늘도 갈아놓고
아이들이 잠든 밤엔 슬퍼하며 뜨거운 국을 마신다

一代에 守節하는 깊은 사람 있어
오늘밤에도 늦여름 장마비에 쓰러진 벼들을
일으켜세우는데, 저 혼자 깊은 강물 소리에

등 기대고, 별길 잘못 든 별이 천리를 헤매도록
슬퍼하고 슬퍼하며 밤길을 간다

2

슬픔이 끝나지 않고 죽는 날까지 슬픔이라면
그는 물 속의 풀잎처럼 또 살 것이다
오후의 햇빛은 흐르는 물을 푸른 풀밭으로 바꾸고
흐름이 끝나지 않는 데서 물은 머무는 그림자를 버린
다
상류로 거슬러오르는 물고기떼처럼
그는 그의 몸짓이 슬픔을 넘어서려는 것을 안다
모든 몸부림이 빛나는 정지를 이루기 위한 것임을

3

한 시대의 높은 가지 끝에서 이제 나는 슬퍼하지 않는
다
놀러 온 슬픔과 놀다 가는 슬픔 사이에서
나는 빗긴 나무 그림자 같다
떠밀려 숨어드는 저녁 햇빛들의 집으로
엎드려 흐르는 나무 그림자 같다

밤에는 머리끝이 세어지도록 기다림이 희고
벌레들 발소리도 들리지 않는 밤에는
즐거워라, 누구의 싸움처럼 즐거운 나는
너를 낳고 나를 거듭 낳는 밤에는
즐거워라, 흰 개미처럼, 나는 흰 밤을 낳고

타인의 땅

1

이곳에 새를 그린다 검게 번쩍이는 석탄 속에
화석처럼 고요한 새는 큰 눈으로 나를 바라본다
나는 옷을 벗는다 검게 타오르는 석탄 속에서
굵은 아이들의 눈동자 속에서……

흥분한 짐승들이 쓸모없이 굽은 뿔을 쳐들고
깎아지는 벼랑, 깨진 돌무더기 사이를 달아난다
아픈 발바닥으로 달아난다, 거친 돌의 숨소리,
피 흘리는 돌은 무섭다……

운다, 누가 운다, 검게 번쩍이는 석탄 속에서
섬세한 엽맥의 나뭇잎이 남는다

2

부서진 돌 위에 내리는 햇빛은 곱다
풍진에 쌓여 돌은 가장자리가 지워진 웃음을 웃는다
그 웃음 속에 숱한 나무들이 머리채를 흔드는 음악이
있다

바람이 돌 위에서 풍화하는 햇빛을 옮겨놓는다
나는 숯꺼멍처럼 까만 눈을 내려감는다

까만 눈 속에 한 마리 푸른 짐승을 나는 만난다
내 무릎과 장딴지에 무처럼 푸른 기운이 비친다

내가 몹시 살고 싶을 때 눈부시게 흰 돌을 바라보며
절름거리며 사라지는 푸른 나의 짐승을 부르며
절름거리는 그의 그림자를 내 가슴에 받으며……

촘촘하게 세워진 나무 울타리 사이로 새어나갈 때
나는 푸른 목소리를 나무 울타리에 넘겨주고
내 입에 닿는 햇빛 한 줄기 깨물어본다
가만히…… 푸른 손가락을……

두 편의 빛

1

겨울날 콜타르 칠한 누런 침목 위
가로누운 두 줄기 철길은 정다워라
철길 위 아롱대는 햇빛 방울방울
정다워라 누가 여기 있어 깜박 잠든다
해도 때 묻은 자갈돌을 마른 입으로
핥으며 제 새끼 어루듯 어루는 햇빛,
햇빛들 노는 모습 눈에 선해라!

빛의 소리 들려, 강 건너 몸이 가는 곳
빛이 울부짖는 소리 들려, 속쓰림의 소리
탁한 강물에 부딪혀 빛이, 만신창이 빛이
강 건너 노동의 끝에 닿고, 탁한 강물에
부딪혀 사랑하는 나라, 만신창이 아이들을
부르고, 끝내 빛이 죽어도 거절하는 땅
빛의 소리 들려, 강 건너 몸이 죽는 곳

기다림을 위하여 7 외 4편

李　太　洙

기다림을 위하여 7

나팔꽃 필 때 부스스 눈 비비며
기지개 켜는 자귀나무와 같이,
흐린 날에는
아침이 온 지 한참 뒤에도
잎을 마주 접고 곤하게 잠자는
자귀나무의 밤 아닌 밤과도 같이,
그런 날들은 간다. 오늘도 내일도
꿈속에서 팔을 뻗고 몸을 비트는
그런 세월은 간다.

여름 한낮
불볕 뛰어내리고
시멘트 숲이 흐느적거리고 있을 때,
그 숲속에 허수아비들 이마 부닥치며

잠 아닌 잠에 젖고 있을 때, 쇄쇄쇄
뜨락에서 제 혼자 바람을 빚고 있는
자귀나무들. 잔 바람에도
물결을 가르며 그늘을 드리우는……

저녁놀 서녘을 물들이고
새들이 둥지를 찾을 무렵
서로 몸을 마주 접고 입술 비비고
깊이깊이 꿈속으로 헤엄쳐 들어가는
자귀나무의 어김없는 밤과도 같이,
흐린 날에도 새 날개의 깃털 같은 자귀나무 잎들이
"밤이야, 이젠 그만 집으로 돌아가야지."
부드럽게 이르며
마주 끌어안고 잠자듯이,

언제나 성내지 않고 욕망은 눌러앉히고
이 먼지 바람 부는 세상에서
명주실 같은 고운 꽃술로 자귀나무는
옅은 듯 달콤한 향기를 한밤내 풍기며
오직 평화를 부르듯이,
자귀나무 그윽한 마음처럼 때로는
그런 날들을 기다린다. 여름 한낮에는 쇄쇄쇄
불볕을 밀며 바람을 빚어내는,
또는 밤마다 꿈속에서 팔을 뻗고 몸을 비트는
이 가혹한 세월을 위하여.

기다림을 위하여 8

시계는 바보, 멈출 줄도 모르는
강물은 바보. 하릴없이 강가에 서서
시계 바늘을 들여다본다.

흙탕물이 흘러가고 악다구니로 거슬러오르는
쏘가리 한 마리. 제자리에서 바둥거리는
또 한 마리, 또 한 마리.

시계는 바보, 거슬러오를 줄도 모르는
강물은 바보. 내 머릿속은
물 먹은 솜뭉치, 터질 것만 같은 풍선,
녹슨 놋쇠 조각과 되다 만 몇 마디의 말……

요즈음은 시가 씌어지지 않는다. 가느다란 꿈마저
지워지고 있다. 흙탕물에 휩쓸리어, 오랜
안개에 가려 앞이 보이지 않는다. 보고 싶다.
말을 잃어버리고
말의 홍수에 둥둥 떠 흔들린다.

정지된 시간, 무중력의
시간, 잊어버리고 싶은 바람 소리, 별이 잘
안 보인다. 악다구니로 버티고 싶은 세월,

한반도의 그늘의 오늘……

시계는 바보, 비정하게 가고만 있는
강물은 바보. 한많은 강가에 서서
시계 바늘을 들여다본다.

기다림을 위하여 9

해는 저물고
밤이 나직하게 게워내는 중얼거림 속으로
걸어 들어간다. 저만큼서
누가 촛불을 켜고 있는지,
시름에 젖어
제 살이나 뜯다가 고개를 들며
먼 눈을 뜨고 있는지,
내가 마시다 남은 물대접의
물무늬 위에 문득
낯선 별이 하나 떠오르고 있다.
밤의 옷자락, 그 어른대는 주름 사이로
나의 신음 소리 또한 지워질 듯
희미하게 헤엄쳐가고 있다.
맙소사. 맙소사.
바람 부는데 잠은 멀고

나는 언제나 어둠 속을 서성거리며
별을 꿈꾸며, 아침을 기다리며.

더 내려갈 데가 안 보인다

머리카락이 자꾸 빠진다. 빗질을 하면
비듬이 떨어진다. 하나 둘 셋 넷…… 나는
아래로 아래로 내려간다. 이젠
더 내려갈 데가 안 보인다.

점퍼와 만났다. 커피잔을 사이에 두고
그는 오른손을 가끔 뒤통수로 보내며
긁적거렸다. 가렵다. 제기럴,
그는 나의 동향을 살피게 됐다고 터놓는다.

요즈음은 어떻게 지내십니까? 저…… 저…… 이젠
그만 손을 떼시지요. 그는
손을 떼겠다고만 적으라고 한다.
하품이 나오려고 한다.

(뭔가 잘못되어도 한참 잘못되었다.)

창밖엔 늦가을 비가 남은 나뭇잎을 흔든다.

나는 떼어야 할 손이 무엇인지 의아해한다.
요주의 인물이라니, 내가
'운동'하는 손을 가졌다니…… 마옵서.

그가 볼펜을 쥐어준다. 아무래도 난처하다.
식은 커피를 한 모금 마셔도 더는
견딜 수가 없다. 더는 내려갈 데가
보이지 않는다. 갑자기 피가 거꾸로 돌고 있다.

쑥불을 지피며

쑥불을 지피며
무심히 올려다본 밤하늘,
미리내를 건너며
오래 잊었던 별들과 눈 맞추고
눈 맞은 별과
되도록 오래오래 포옹을 하고,

밤이 깊어도
잠들 줄 모르는 모기들과 씨름을 하며,
타는 듯 마는 듯 연기를 게워내는
쑥불을 지피며
모기와 나의 관계를 생각해보기도 하고,

눈물겨워라. 뒤돌아보면
내 모든 발자국은 지우고 싶고
지워도 지워도 되살아나고 있는데,
모기들은 소리지르며 저만큼 물러나고
나는 졸음겨운 별들과 잠을 부르며
쑥 향기에 발까지 담그고……

우리 낯선 사람들 1 외 2편

이 하 석

우리 낯선 사람들 1

눈과 코와 입이 보이지 않고
얼굴은 늘 캄캄하게 그늘져 있다
어두워서 잘 보이진 않지만 이마쯤에
달팽이의 더듬이 같은 게 돋아나 있는 듯하다
윤곽만이 외부의 빛을 역광으로 받아
고양이나 곰의 털 같은
머리털과 수염이 드러나보인다

그는 때때로 뭐라고, 말, 한다
입에서가 아니라 그 자신의 어두운 내부에서
소리가 울려나오는 듯하다
누군가가 그 소리에 귀기울일 때
그의 내부에선가 아르렁대는 소리가 새어나오고
이마에 돋아난 안테나들의 불이 켜지고 꺼진다

근심의 신호인지 기쁨의 표시인지
확인되지 않는

우리 낯선 사람들 2

그는 언제나 광고지를 펴든다
또는 신문을 읽는다 또는
잡지를 본다

엉성한 망으로 쇠줄을 얽어 만든 현대식 의자에 앉아
그는 다리를 왼쪽으로 꼰 채 광고지를
펴든다 또는 신문을 본다
또는 잡지를 읽는다
그는 늘 그러하다
그 자신의 뿌리가 망에 얽어매인 듯하다

그의 앞엔 망으로 엉성하게 쇠줄을 얽어 만든
또 다른 빈 의자가 놓여 있다
덫이라도 놓아둔 것일까 아니면
눈에 보이지 않는 그의 친구가 거기 앉았을까

산과 바다 펼쳐진 풍경 사진들이 그의 뒷벽에 핀으로
꽂혀 있고

그 한쪽 핀 끝에서 쇠고리줄이 바닥에까지 드리워져
그의 뒷그림자를 휘감는다
그래도 그는 앉아서 광고지를 펴든다
또는 신문을 읽는다 또는
잡지를 본다

누구일까 어떻게 생겼을까 살피려 해도
광고지와 신문지와 잡지의 그늘 때문에
그의 얼굴이 보이지 않는다

우리 낯선 사람들 3

그의 구두는 검다 구두 너머 아스팔트 위로
달리는 차의 갈색 차체에 일요일 오후의 거리가 비친
다
그의 검은 구두도 거기에 잠깐 비친다

그의 구두는 검다
구두 곁 아스팔트 위로 달리는 차의
푸른 차체의 표면에 일요일 오후의 거리가 비친다
그의 검은 구두도 거기에 잠깐 비친다

사람들의 얼굴들 아래 그의 구두는 검다

이 아래, 구두 쪽에 시선을 두면
사람들의 얼굴은 보이지도 생각나지도 않는다
감정도 그렇다

계속해서 온갖 색깔의 차들은 그의 구두를 지나가고
그의 검은 구두엔 차 바퀴들이 비친다

그의 구두는 일요일 오후의 모든 것들이
최루탄으로 매캐하게 젖어 있는 거리를 따라
고운 함성들의 얼굴들 잦아진 시끄러움 속을
무심한 구두들 속을 검게
무심하게 계속 걸어간다

구름 외 4편

張　英　洙

구　름

20만원짜리 송아지 40마리 사러
양평 갔다 왔다는 사람.
그곳 고모네 농장에 초지가 많아
내년 봄까지 방목하면 그냥 돈이 된다고
웃는 것이지만

송아지 두 마리 값도 잘 안 되는 일자리조차
불안스러워 긴장을 한 번, 몇 번씩 하며
일에 지치고 피곤해서 다리를 자꾸만
쭉 펴고 앉고 싶은 사람들이 절대로 많은 게
사실이긴 하지만
대한민국 어디 가나 돈만 있으면 놀기 좋지요
뭐, 자동차도 골프채도 없는 사람들도 당장 급한 얼마
안 되는 돈에 몰리며 더 없는 사람들도 더욱 쫓기다가

마비된 것처럼 우뚝, 멎기도 하는 것이지만
나름대로 무슨 수가 있고 있어야 하는 것이지만

하늘엔 구름이, 흰 구름 회색 구름 검은 구름
뒤섞여 장국물처럼 뭉실거렸다.
하늘을 뒤덮은 구름들이 과연
떼지어 이리저리 몰려 있었다.

유령처럼

밤 열시. 열한시 또는 열한시 반. 숲길은
캄캄하고 조용하고. 숲 전체는 감전된 것처럼
풀벌레들 소리 가득하고.

플래시 켜고 오는 사람들도 끊어진 밤
열시 반 또는 열한시 반. 귀신이 있을 리는
없지만 유난히 쓸쓸하고 기분나쁜 때도 더러
있는 밤.
새삼 시작되는 오르막길. 울퉁불퉁 내리막길. 도랑. 다
시
오르막길 따라 다다르는 곳. 생수 흐르는 플라스틱
파이프 두 개 박혀 있는 곳. 들통에 물 받으러 허리
구부리면 뭔가 뒷덜미에 맺히는 섬뜩한

느낌. 슬며시 돌아다보며 뒤숭숭한 검은 나뭇가지들
사이 별빛들
휘황한 밤 열한시. 쫄쫄거리는 물소리.

사람들은 한사코 줄을 선다. 대낮이고
새벽이고 한 시간 넘게 줄 서긴 마찬가지.
그래서 한밤중에 유령처럼 숲속에 나타나는
별일 없는 사람들이 더러 생겼다. 유령처럼
흰 반바지 흰 러닝 셔츠 펄렁거리며 들통 가득
물을 들고 돌아간다.

西 海

ㅇ郡 ㅂ寺 부근 ㅂ국민학교.
자매 학교. 아동 문고 기증. 너무
무덥고 너무 조용한 교정. 복도
게시판의 여자 그림, 사진 어느
부분을 꾹 눌러논 자국. 찔러서
패이거나 좀 찢긴 자국. 그것은
서울 아이들과 같은 것. 멀리, 희미한
산줄기 같은 위도. 가까이, 썰물 때마다
육지가 되는 돌섬 하나.

바다. 모래. 언덕 위의 여인숙.
툇마루, 비스듬히 벽에 기대면
물결은 잔잔. 바람은 끈끈 후텁지근.
놀러 온 이곳 사람들 띄엄띄엄.
모래밭에서 배구공으로 하는 아이들과의
축구. 사진 찍히기. 소주 한두 잔.
아이들 다 잠든 뒤에도 끝나지 않는
천막 디스코장의 소란. 그리고 조용한 바다
물 건너 중국 대륙은 있고. 장보고의
배들은 역사 속에만 잠깐 있었고.

밤 바다 멀리, 등불 하나. 누구네 생업의
모습인가. 밤 낚시 모습인가. 어쨌든
사람이 살아가는 불빛은 아름다운 것.
캄캄한 밤, 먼 등불빛 하나로 내게
살아 흐르는 바다. 西海.

전방에 대하여
—— 고랑포, 또는……

지산까지는 시간이 많이 걸리지 않는다.
아침에 서울 떠났다가 저녁때 돌아와 밥 먹으며
전방 얘기 할 수 있는 곳에 지산은 있다.
위문 편지 위문품 싣고 학생들과 교사들이 전방 위문
가는
일은 어려운 일도 아니다. 자매 부대 가서 함께
기념 사진 찍고 점심 먹고 다시 버스로
민통선을 지나면 땅굴 수색 공사 표지들 바람결에
웅웅거리는 북쪽의 확성기 소리들 북쪽 산허리 휘도는
도로들…… 망원경으로 북쪽 건물 북쪽 초소 근무 사
병들을
보고 우리가 돌아오는 일은 힘드는 일도 물론 아니다
……

정훈 장교는 말했다. 밤이면 분위기가 험악해집니다.
북쪽 사병들은 이쪽보다 얼굴색이 안 좋습니다. 잘
못 먹어서 그렇지요. 우리는 부식을 따로 공급받지만
쟤들은
자체 농사로 해결하지요. 밤중에 우리 초소 근무 사병
들은
간식으로 호빵도 쪄 먹습니다. 우리 사병들은 학력도

대개
  고졸 이상이지요. 구타하는 기합 건 같은 이젠 없어진
지
  오랩니다. 교양 있고 용기 있는 정훈 장교는 몇 번 사
양 끝에
  '봄의 교향악이'도 뚜렷이 불렀다. 학생들의 박수 소
리.
  나는 정훈 장교가 다음 진급 심사엔 누락되지 않기를
  바라며 헤어졌다……

  사병들이 더러 탈영하여 물의를 일으켰었는데 이건
  군에게만 책임을 돌릴 문제가 아닙니다. 유년기 교육
학교
  교육 가정 교육 사회 교육을 거쳐 군에 오는 사람들 교
육을
  어떻게 군에서만 다 책임질 수 있겠습니까. 우리 군은
그래서
  우선 인간 교육을 강조 실천하고 있습니다. 연대장은
  점심때 이스라엘 갔던 얘기도 들려주었다. 남편이 밤
에
  초소에 나가면 아내도 따라나가 뜨개질을
  한다는……

  전방에서 병장 제대한 막내 아우는 말했었다.
  팔뚝만한 더덕을 캔 친구, 더덕을 잘라 소주에 담가
  땅속에 묻었다가 제대 때 파갖고 고향에 갔다고,

작전 나갔다 몇 명씩 한 조 되어 돌아올 때 갈대들 하
얗게
흔들리는 등성이, 맑은 물, 파란 하늘, 또는 깊은 겨울
흰 눈 덮이고 바람 부는 추운 산속, 온종일 말없이
돌아나올 때 마음은 무념무상이었노라고……

면회 갔다 오신 어머니 이야기——ㅅ대학
다녔다는 친구, 남이 아프면 자기도 아파지는
신통력 있다는 친구 이야기——어머니가 어깨에 담이
심해 고생하시며 참고 계시는데 그 친구, 면회소에 나
타나
어어어 왜 이렇게 어깨가 아프고 쑤셔 어깨가……
어머니는 일부러 모른체했었노라고……

아우의 전역 기념패는 이젠 거두어 서랍에 넣어졌지만
얼마 전만 해도 책장 안에 잘 펴서 진열되었었다
종종 그곳 선임하사 이야기 그 선임하사 식구들 살아
가는
이야기, 선임하사 어린 아들, 여름이면 맨발로 잘도 돌
아다
니며 흙투성이, 코 찔찔 잘 흘리며 엎어져도 잘 울리지
도 않
으며 막 크면서도 착하게 크는 이야기 애잔한 이야
기……

자매 부대서 힘든 훈련한다고 위문 편지 요청이 왔어

요.
정훈 장교가 왔다 갔어요. 사병들은 여학생 편질 더
받고 싶대요. 많이 좀 보내요. 남고의 주임이 웃으면서
알려줬다. 위문 편지를 한 통씩 다 읽고 확인했다.
위문 편지 내용은 천 통이면 천 통이 천편일률. 집 주
소를
슬쩍 쓴 편지는 난로 속에 넣었다. 연애 편지처럼 쓰는
건
곤란해. 생활 지도상 안 돼요. 나도 그렇게 생각해. 한
다 하면
할 수 있는 애들이 있으니까 곤란해요……
눈 덮인 추운 날, 지산 최전방, 여학생들 몇 명과
행정반에 들러 병사들에게 보온병의 커피를 따라주었
다.
이런 건 우리도 있어요, 사병 하나가 말했다. 사병
하나가 자기네 주소를 적어왔다. 뜻있는 학생이
있으면 편지 좀 하게 해주세요. 여학생들에게 줄 것인
지
망설였다. 그냥 찢어 없애자니 안쓰러웠다. 편지할
사람은 해줘라 주소는 학교로 해라. 답장이 오면
선생님 부모님께 일단 보여라. 너희들을 의심해서
그러는 건 물론 아니야……

부활을 위하여 6

투쟁하다 죽을 용기도 없는 이들의 나라는 얼마나 쓸쓸할까.

투쟁이나 하다 죽을 수밖에 없는 이들의 나라는 얼마나 암담할까.

투쟁하다 죽을 뻔하다가 뒤늦게 마음 고치고 무엇을 열심히 하기는 하는 이들의 나라는 좀 덜 쓸쓸할까.

투쟁도 무엇도 무엇무엇도 한 몸에 다 지니고 때가 되면 풍성한 역사를 쓰게 할 줄 아는 이들이 많은 나라는 좀 괜찮을까.

투쟁이나 하게 하는 사람들이 많은 나라, 투쟁이 잘 못 돼 있는 사람들이 많은 나라는 얼마나 초라할까.

매사가 투쟁이 아니면 안 되게 돼먹은 나라가 있을까.

그런 나라도 나라인가.

그런 나라 정부도 정부인가.

그런 나라 국민도 국민인가.

그런 나라가 도대체 있을 필요가 있는 것일까.

그렇지만 또다시 묻지 않을 수 없다.

언제 사람이 이런 나라 저런 나라 골라가며 태어날 수 있었는가.

언제 사람이 실제 현실을 벗어날 수가 크게 있었는가.

끝 모를 깊이의 상처는 두터운 지층처럼 우리를 덮고

있다.

우리 본래 모습은 아득한 옛날에 이미 지워졌거나 죽었거나 살았더라도 온전한 모습이 아니다.

나도 어차피 거기 어디쯤에서 살아 남은 자의 자손이다.

어쨌든 좋다.

보기에 딱하지 않은 모습이라면 우선 괜찮겠다.

무거운 몸을 씻어내리는 기쁨을 위하여 때로 조용한 새벽 시간 허공 속에 내 정신을 미역감긴다.

그렇지만 그런 끝에 나는 흔히 내 욕망들의 어처구니없음을 만난다.

성욕과 물욕과 모든 처처의 세세한 내 욕망들과 만난다.

내 몸 곳곳에 박혀 있고 억눌려 있는 욕망들을 나는 온전히 빼낼 수 있을까.

내 육신 살아 있을 적엔 세세한 욕망들을 온전히 다 빼내고 홀가분해질 자신도 내겐 없다.

다만 말할 수 있는 것. 그것은 내 현재 현실이 지극한 욕망 불충족 속에 있고 거기서 나는 시를 쓰고자 한다는 것, 이로써 얼마간 속죄받고자 한다.

이러고도 지금보다 조금 더 형편이 좋아진 곳에 이르러 식구들에게 조그만 여유라도 베풀 수 있기를 바라는 작은 욕망, 지키며 살고 있는 아내에 대한 의리가 뭇 욕망들을 이길 수 있고자 애씀으로 속죄받고자 한다.

내가 닿아 있는 뭇 크고 작은 일들, 문제들에서 마을에 사회에 국가에 이르는 길 인류에 이르는 길 도처에 내가 바치는 평등 평화의 기원이나 때로 떨리듯이 확실한 몇 마디 진실이 내 이기투성이 계산에 꺾이지 않고자 애쓰는 곳곳에서 속죄받고자 한다.

대답하라, 나의 여러 모습들이여, 이만만 하다면 나는 좀 덜 부끄럽겠지만 과연 나는 이만은 한 것인가.

이만큼만 돼도 괜찮겠지만 나여, 나는 이렇게 저렇게 돼 있는 것인가.

이만한 것도 못 해낸다면 나의 모든 것도 결국 헛된 말 장난이나 될 것이 아닌다.

나여, 돌아나오고 돌아나와 다시 보고 다시 믿을 수 있는 동안에만 희망도 있을 수 있으리라.

빈방 외 2편

鄭　玄　宗

담에 뚫린 구멍을 보면

담에 뚫린 구멍을 보면 內心
여간 신나는 게 아니다
다람쥐나 대개 아이들 짓인
그리로 나는 아주 에로틱한
눈길을 보내며 혼자
웃는다 득의양양
담이나 철책 같은 데 뚫린
구멍은 참 別味가 아닐 수 없다
다람쥐가 뚫은 구멍이든
아이들이 뚫은 구멍이든
그 구멍으로는 참으로 구원과도 같은
法悅이 드나들고 神法조차도 도무지
마땅찮은 공기가 드나든다!
오호라

나는 모든 담에 구멍을 뚫으리라
다람쥐와 더불어
아이들과 더불어

술잔 앞에서

숨쉬는 법을 가르치는
술잔 앞에서
비우면 취하는
뜻에 따라서

오늘도 나는 마시이느니
여러 세계를 동시에 넘나드는 몸
源泉 없는 메아리와도 같은 말
政治 빼놓으면 참 걸리는 데 없어

나는 마시느니 오오늘도
비우면 취하는
뜻에 따라서

빈 방

1

날이 추워지기 전에
도배를 하기로 한다
방 세 개, 마루 천장, 부엌 벽
품삯 재료값 합해서 25만 원
간식이 있으면 된다고.
계산은 위대하다
(예외는 있겠지만)
누구나 계산을 하니까.
바로 이 점이
사람들이 다투어
계산을 개탄하는 이유이다.

2

책을 모두 내다가
마루에 쌓는다
장작 더미 같기도 하고
성벽 같기도 하며
폐허 같기도 하다

방이 텅 빈다…… 오오
나는 꽉찬다

이렇게 좋구나
(설명적이어도 할 수 없느니)
이렇게 좋구나
빈 책장을 향하여 나는
춤을 춘다, 발작적으로
그 빈 書架를 향하여
두 팔을 벌리고
빈 걸 끌어안으며, 이렇게
한껏 폭발하는 法悅이 어디 있느냐
빈 걸 끌어안으며

빈방을 본다
흘러넘치는 시선으로
책 속의 밤보다 더 깊은
밤을 빈방과 더불어

3

오오 책 없는 데로 가야지
책 대신 손을 펴보이고
얼굴을 보이고
눈을 보이고
가슴이나 볼기짝,
나뭇잎을 보이고
흙이나 하늘
그냥 날 기운, 숨결
피와 정액

4

빈 건 무릇 胎이니
책과 종교와 性을 섞어서
폭발시킨다 해도 미치지 못할
우주적인 숨
이 땅의 기억을 별로 갖고 있지 않은*
새로운 인간의
얼굴과 피와 내장의 숨결

5

인간 해방?
책에서 해방돼야지
말에서 해방돼야지
이 책에서 저 책으로는 해방 없고
이 말에서 저 말로는 해방 없고
하여간
혓바닥이란 대저 키스할 때 제일 쓸모 있는 것!

할 만한 일 하나를 말하노니
내 피요 살이요 뼈인
꽃 한 송이를 폭발시켜야지!

*프랑스 시인 생 종 페르스의 시 「아나바시스Anabasis」에는
 "이 땅들의 기억의 짐을 별로 지고 있지 않은 인간"이라는
 구절이 있다.

채석강 외 2편

崔　斗　錫

채석강

층층의 바위 절벽이
십리 해안을 돌아나가고
칠산 바다 파도쳐 일렁이는
채석강 너럭바위 위에서
칠십육 년 전 이곳에 앉아 술잔을 기울이던
해산 전수용을 생각한다

산낙지 한 마리에 소주를 비우며
생사로써 있고 없는 것도 아니요
성패로써 더하고 덜하는 것도 아니라던
당신의 자명했던 의리와
여기를 떠난 몇 달 후
꽃잎으로 스러진
당신의 단호했던 목숨을 생각한다

너무도 자명했기에 더욱 단호했던
당신의 싸움은
망해버린 국가에 대한 만가였던가
아니면 미래의 나라에 대한 예언이었던가
예언으로 가는 길은 문득 끊겨
험한 절벽을 이루고
당신의 의리도 결국 바닷속에
깊숙이 잠기고 말았던가

납탄과 천보총 몇 자루에 의지해
이곳 저곳 끈질긴 게릴라로 떠돌다가
우연히 뱃길로 들른 당신의 의병 부대가
잠시 그 아름다움에 취했던
비단 무늬 채석강 바위 위에서
웅얼거리는 거친 파도 소리 듣는다

파라티온

　어머니의 편지는 감정이 물씬거리는 육성으로 자꾸 아들을 불렀으나 여의치 않은 서울살이가 나를 으레 일상의 말뚝에 매어두었다. 빈농이 생애를 걸고 공부시킨 장남 역을 과연 어떻게 해낼 것인가. 말뚝 주위를 빙빙 돌며 빈약한 풀을 뜯는 게 고작이었다. 그러나 이번 사연은 나를 말뚝을 뽑고 고삐째 내달리는 염소로 만들어 곧장 고향으로 떠나게 하였다. 아니 그래 회갑이 다된 노인이 남의 과수원 농약을 닷새나 계속했다니, 중독에서 어느 정도 회복된 뒤의 편지였지만, 요는 나의 무능에 대한 아버지의 질책이 자학에 이르지 않았나 의심케 하는 사연이었다. 나는 한편 당황하고 한편 부글거리는 심사를 억누르며 길을 떠났고 버스가 고속도로를 근대화된 속도로 질주할 때는 마음이 차츰 슬픔으로 무겁게 가라앉았다. 그리하여 시외버스로 갈아타고 자갈길을 덜컹거릴 때는 줄곧 어떤 어린 날의 추억에 골몰하게 되었다. ……그날 버스에 오르면서 아버지는 검표원에게 내 차비는 내지 않아도 되느냐고 확인했었다. 이미 소풍을 두 번이나 다녀온 나를 취학 전이라고 우기고서. 그런데 막상 내릴 때는 차장의 거친 삿대질에 운전사까지 밖으로 퉁겨나와 아버지의 멱살을 잡았다.

김영천씨

　광대뼈 불거진 데다 특히 눈이 소를 닮은 김영천씨는 결혼한 지 오 년에 아들 둘을 둔 농민 가장이다. 소작논 서 마지기 부치는데 남의 농사일뿐이라 결혼 가락지 팔아 돼지 새끼 두 마리 길러 송아지 사고 오직 소에 인생을 걸었다. 겨울이면 서울에서 노가다로 구르며 사료값 마련해 귀향하고 농가 빚은 한번 지면 갚을 수 없다는 게 그의 지론이다. 그러나 그도 또한 빚을, 융자에 사채 아울러 이백이십만 원 지고 있다. 똥오줌 냄새 눅눅한 외양간 앞에서 그는 소가 여덟 마리라고 약간 흐뭇해한다. 내가 아무리 세어봐도 일곱 마리라 의아해하니 저 소가 곧 새끼를 낳을 거란다. 그런데 무엇이 그의 퉁방울 같은 눈에 핏발 뻗치게 했는가. 이 년 전 백오만 원에 구입한 송아지가 이제 어미 소가 됐는데도 사십육만 원이니 도대체 복장 터지고 창자가 썩어 결국 갠노를 들었다. 그리하여 쇠전에서 자기의 피땀으로 기른 소의 머리를 쳤다. 소는 쓰러졌다가 불쑥 일어났다. 일어난 소의 정수리를 다시 쳐서 쓰러뜨리기를 열 번쯤 하니 완전히 누웠다. 장터의 농투사니들 우르르 몰려들고 죽은 소를 경운기에 싣고 함평 읍내를 돌고 또 돌았다. 그리하여 다음 장부터 몇 년 만에 소값이 오름세를 타기 시작했다.

시간 1 수중 탐사 외 4편

최   석   하

시간 1 수중 탐사

시간이 파도처럼 치솟다 사라지곤 하는
바다. 한복판.
쪽빛 수면을 외면한 채 老교수는 거푸 자맥질하네
파도에 부서지는 햇살과 그 틈새로 속살
드러내는 무인 고도. 크고 작은 기암 괴석들
꽤 가파르다 암벽을 더듬으며,
보듬으며 어느새 표본 채취에 넋잃었나보다
그는 미기록종 해양 식물 표본 한 가지라도
채취하고자 저리 안간힘이다

때아닌 폭풍이었지. 구질구질하던 빗발이 그토록 줄기
차고 칼바람과 파도가 그토록 다부지게 부딪치더니 닷새
만에 거짓말처럼 쾌청. 그러고도 물 속 모래 티끌들이 가
라앉길 기다려 그의 흰머리털이 바람 속에 몇 날 며칠째

휘날렸는데 오늘에사 잠수복 속에 감춰졌다네 육중한 압
축 공기통과 씨름하느라 흰 물거품 뿜어올리며 몸은 진작
파김치가 돼 느릿거렸고. 그는 한번 물 속에 들어갈라치
면 전설 같은 시간의 속삭임들에 취해 고갤 좀체 물 밖으
로 내밀 줄 모르네 유연하면서도 막힘이 없고 사방팔방
압박하는 듯한 야릇한 쾌감마저 느껴야 함.
　얽히고 뻗친 바위섬들이란 그 자태가 마치
　수많은 시간의 刻印들인 양 아름답기도 해라
　게다가 산호초와 온갖 해조류들과 그 침묵의 늪을
　헤집고 다니는 엄청난 바닷고기떼라니……
　인기척에도 놀라는 기색 없이 유유자적
　시간 속에서 나타났다 다시금 시간 속으로 사라지네
　아니, 시간의 흐름 그 자체이거니 싶네

　이곳은 뱃전에서도 수심 20m의 바다 밑이
　훤히 드러나보이리만큼 물이 아주 맑다
　스펙트럼의 보라색 쪽이 있는 파장 짧은 빛타래들
　영원에 가까운 반영을 보여주고 있다고나 할는지
　현재에서 영원으로 거슬러올라가는 물살들
　햇볕 속에 훤히 모습 드러내던 어릴 적 냇바닥
　차돌들의 기억과 굴러다니던 단단한 시간들
　지금 보이고 있는 저기 도다리의 암갈색 등하고
　지금 막 지나가버린 등, 지금 곧 나타날 또 한 마리의 등
　내 물안경에 끊이지 않고 속속 들어오네
　시간의 어떤 연속성 같은 걸까

오랜 세월 바닷바람과 물살에 씻긴 돌섬들이란
퇴석암이 군데군데 낭떠러질 이뤄 흡사
수십만 권의 古書를 쌓아올린 것 같고
틈서리마다 위태롭게 뿌리내린 기화 요초들
문득 섬하늘 가르는 칼새의 비상
내가 만약 흰 물거품과 함께 작살을 쏘아
그것이 바윌 부딪치는 금속성을 지금 막 들었다고 하
자
그 소린 마치 하나의 선인 양 짧게 또는 길다랗게 끌고
있었겠지
어찌 보면 그건 바람에 휘어지는 연줄
높고 낮게시리 끊어질 듯 이어짐.
지금서부터 이미 없어진 상태까지로
또는 거꾸로 아직 아무것도 없는 상태서부터
지금까지로 이어지는 소리, 소리, 소리들

보석바위도 서방바위도 각시바위도 물안경도
모래 바닥도 흐르고 있네
바람과 밀도 차, 해면 경사, 주위 물의 움직임 따라서
똑같은 방향으로 똑같은 속도로 흐르고 있어.
머리 쳐들면 번쩍이는 덮개파도에 눈부시고
바위 구석에선 어쩐지 기분나쁜 곰치 몇 놈
뭉툭한 꼬리로 줄레줄레 헤엄쳐나와설랑
주황색 밝은 산호 숲속으로 사라지네
엄지손가락만한 작고 투명한 새우들이
불가사리 입 주위에 무리를 이뤘는가 하면

오징어란 놈 먹이 찾아 오쫄오쫄 두 다리로 헤매네
폴싹 모래 먼지가 일었지
옛집의 삭은 커튼서 이는 먼지
헌 가구상, 고물상의 열쇠 진열장, 그렇거고 똑딱선 지
나는 소리.
시선마저 흐르는 것일까
눈을 괄호 같은 의식의 물안경 속에다 집어넣었것다
의식의 흐름, 흐름 속의 시간

바닷속에선 가제미 한 마리도 두세 배 더 크게 뵌다네
과거를 영원으로 잘못 보는 것도
바닷속에서 저지를 수 있는 잘못일 터.
지금 바닷게 한 마리가 햇살 비쳐드는 바위 틈으로
기어든다면
시간의 꼬리
게는 끊임없이 그 자리를 바꾸며 드나들겠지
투명한 그림자 끌며. 남기며.
하나, 그것은 지나간 자리하고 자리를 지나간 움직임
하고
두 가지에 지나지 않은걸
드디어 게가 무엇에라도 퉁기듯 몸을 털다.
흰 점 같은 幻生들이 한꺼번에 쏟아져나옴.
0.5mm 작디작은 점들이 저마다 햇빛 찾아 하얗게 흩
어지는
모습은 밤하늘에 장관 이룬 뭇별들

수심계, 수중 전등, 수중 칼, 텅 빈 수집 망태 따위들
과
납덩이 벨트와 나의 잠수복
마스크 낀 입아귀가 인제 몹시 아파오네
수중 시계 침이 지나간 과거의 어느 한 자리도
그대로 남은 거라곤 없네
수중 시계가 똑같은 부분으로 쪼개는 시간을
그대로 재고 있었을 뿐.
나는 내처 물살하고 대화를 나누고 있었고
이런 대화가 주는 위안이 없던들
아마도 탐사를 끈기 있게 해내지 못했으리라.
나는 언제까지나 압축 공기통 멘 채 오리발로 헤엄쳐
다이버에 이끌리고
참다못해 흰 물거품 뿜어올리며
깊고 푸른 침묵 속으로 끝간데 없이 잠기고 있지만서
두
한편 내 몸 속으로는 차디찬 바닷물이
차츰 차들어옴을 느껴야 한다네
파도가 오고 가든지 가고 오든지
하여간에 어디론지 흐르고 있는 바다.
파도처럼 별안간 치솟다 사라지곤 하며 쉼없이 이어지는
시간의 두 얼굴.
나의 두 얼굴.

시간 2 공동묘지에 와보면

공동묘지에 와보면 무덤들은 언제나 어지럽게 흩어져
있거늘
　더러는 간조롬히 붙었고
　더러는 멀찍이 떨어졌고
　또 더러는 아주 멀찌막이 결렬됐네
　나는 어느 날 저만큼 이팝나무에 기대서서
　흙을 두두룩이 쌓은 봉분들을 멀거니 건너다보다가
　차츰 가차이 가 잔디를 매만지다가
　나도 모르게시리 무덤 속속껏 들여다보게 됐네

　지금이란 늘 시작이고 끝.
　시간의 무덤은 어떤 운동으로도 불어날 줄 모르네
　무덤이 크다 작다 호화롭다 초라하다
　따지길 좋아하는 이들의 눈으로 볼라치면
　무덤 속 또한 겉모양만치나 오만가질 수 있을 터이나
　실상 무덤 속은 똑같고 하나이고 동시적인 것이네
　한 무덤이 사라졌다가 다시 한 무덤 속에서 또박또박
　나타날 뿐이네

　낯익은 무덤들이 생판 낯설게 느껴질 때가 있다
　신비롭기까지 하지
　을씨년스런 해질녘이면 검은 가리개한 젖무덤들

올말졸망하고 울묵줄묵한 오만가지 봉분들 뒤섞이며
밖으로 향하지 않은 채
안으로만 서로 침 섞으려 침투한다네
그러면서 결국 퉁겨난 의식
벗어난 시간 같은 걸 훌쩍 나그네한테 던져주네
마치 스타킹을 벗는 양 돌아앉아설랑.

과연 무덤의 정조대를 열 수 있는 열쇠란
무어란 말인가
몇몇 시각을 셈하기 위해서가 아니라
시시각각으로 생겨나고 태어나는 자연과 돌고 도는 천
체를
재기 위해 나는 청동 시대 이전으로 육장 뒷걸음질이
네
무덤 속에 끝이 있느냐, 없느냐
그 속으로 시간이 흐르고 있느냐
흐르고 있다면 흐름을 거슬러올라가 거기 샘물 같은
시간
근원적인 시간
썩지 않고 본디대로 굳어버린 가녀린 시간의 몸꼴.
암흑 세계. 공기는 생각한 것보다 숨쉬기 편하고 신선
한 느낌마저 드네 불을 켜들고 발디딤이 나빠 미끄러질
듯하면서 한 사람이 겨우 갈 수 있는 좁디좁은 바위굴을
애써 빠져나가네 밑으로 물이 흘러나오고 있는 한 굴은
계속해 뚫려 있을 게 틀림없고. 내 심장의 고동 소리와
물소리가 묘하게 울림을 만드는 정적을 상상해보라.

만약 투박한 토기 파편에 물이 괴어 있다면
의식하기 전에 이미 거기 담겨 있는 물.
손을 집어넣으면 끊어질 듯 차가운 시간이
바로 내가 탐하는 시간이라네

나는 시방 공동 묘지 우에서 시간을 정복하느라 떠 있
는 한 마리 독수리
봉분들은 언제 봐도 영원의 빛바랜 모습인지고

시간 3 거울과 돼지

하루는 가로수가 어찌나 불쌍한지
가로수에 기대설랑 신문지로 낯짝 가려 실컷 울었소
하루는 또 시간의 지붕 위로 훌쩍 뛰어오르는 시늉으
로다
자살이나 시도해봐야겠다 했는데 되라는 자살은 아니
되고
처마끝에 간들간들, 푸줏간에 건들건들 매달린
희멀건 돼지가 돼버렸는데
주인이란 것이 다가오더니만 내 귀 한 짝 쑥 뽑아
푯말을 써 붙였것다 '돼지 출입 금지'
아무도 이 층계를 올라오지 마시오
아무도 이 층계의 층계를 올라오지 마시오

아무도 이 충계의 충계의 충계를 올라오지 마시오
아무도 이 충계의 충계의 충계의 충계를 올라오지 마
시오
이미 올랐거들랑 당장 굴러떨어지든지 하시오
제발 좀 독특하게시리 올라들지 마시오
나는 맨탕 되지 못하는 자살로 이리 쩔쩔매오
도움은 일절 사양이오 나를 살려주거나 몽둥이로
때려잡거나 어차피 도움은 되지 않소
도움 아닌 것도 되지 않소그려 우우우아아하하하하하
하학학흑흑흑흑흑으으
나는 시방 웃고 자빠졌는데 이녁은 막 콜콜히 울고 있
었구려
이녁하고 내가 똑같은 시간에 똑같은 공간을 차지할
수 없음을 보여줌이오
不可不 거울 따위는 없애야겠소
아니 더욱더 말끔히 닦아 버릇해야겠소
같은 값에 방 전체를 온통 거울로다가 채워버리든지
그렇거고 이녁 혼자 바람 한 점 없는 바람 속을 헤매
시오
쥐약 먹은 쥐 잡아먹고 죽어가며 꿈꾸는 양
영원도 과거도 없는 공간 속을 헤매시오
헤매고 움직이는 곳에 시간이 있든지 시간 속에 움직
임이 있든지
아니면 시간 자체로서 있든지
하여간에 헤매시오
나는 바깥에 납작 엎디어 녹슨 입 안이나 까각까각 긁

아내겠다 했는데 몇 겹의 녹슨 깝대기가 톡! 하고 벗겨지자 입천장에설랑 모래며 돌 부스러기며 시간 부스러기들이 다소 떨어지는가 싶더니만 어느 결에 적막을 깨고 몇 갑절의 크나큰 메아리가 한꺼번에 터져나와버렸습니다그려

非夢似夢간에 공간에
공간이야말로 시간의 가득한 곳간이 틀림없소
참시간 찾자면 저기 아득한 공간에서가 아니고
또 어디서란 말씀이오
희멀건 돼지 새끼들 수없이 냉동당하고
웬 로봇이 서성이며 그 한 마리 한 마리에 못을 박고 있었는데
꽤나 정확한 팔놀림이었다오
추악한 과거는 이미 없는 걸로 하고픈 반면에
아름다운 추억의 시간일랑 영원토록 오래오래 간직하고픈
잔밉고 얄미운 욕심꾸러기들아
아, 들리느냐?
시간이란 허깨비라고?
시간이 있는 게 아니라 있다고 믿는 니 마음보가 있다고?
하긴, 마음이 없다면 시간도 屍姦도 없으렷다.

지하 시대

올겨울은 몹시 춥고 따분하다
추위 나다니기가 무섭다 을씨년스럽다
퇴근길에 길 위로 걸으면 빠를 것도 길 밑으로 내려선
다
요새 지하도엔 없는 게 없다
땅 위에 없는 것도 땅 밑엔 있다
사람들도 훨씬 더 북적대는 성싶다
다만, 환기가 제대로 안 되는지
어떤 땐 퀴퀴한 냄새가 난다
하지만 냄새쯤 추운 것보다 한결 낫고 부드럽다는 대
답이
모두의 이마에 써붙여져 있음을 본다
금은 세공이 있는가 하면 싸구려 라면까지 조리해 파
는 곳이 이곳이다
유행가 가락이 구슬프고
밤에도 대낮처럼 환한데도
나는 노상 이 가게가 저 가게 같고 저 집이 이 집 같다
만년필 사시겠어요?
바아바리 사시겠어요?
속마음까지 알아보고 속주머니의 돈 액수까지 척척 알
아맞히는 데가
바로 이 지하 상가란 생각이 들 때가 있다

그럴 때마다 나는 정말 두더지처럼 땅 밑에 숨고 싶어
진다
길 잃은 개 한 마리라도 만난다면 얼마나 안심이 될까
그러다가 아예 지하철역까지 내려가 정처없이 떠나기
도 하지만
이놈 발길에 채고 저놈 발길에 채다 말고 끝내 내 품에
안겨
할딱거리는 개의 숨소릴 듣고 싶다
반 고흐의 햇볕 쏟아지는 풍경화가 비스듬히 걸렸고
존 웨인이 날 노려보고 있고
김구 선생 또한 근엄하게.
내 왼쪽 겨드랑이에 약간의 통증 있음
앞서 걷는 여자 구두 뒷굽의 높이가 갑자기 이쪽 저쪽
차이나게 느껴지기도 함
노래하거라 꽃들아 소리치거나 안경테들아
저 알 없는 안경이 내 안경 같고
내 안경이 저 금테 안경 같구나
이런 착각은 내가 안경을 끼고 있지 않다는 걸 느낄 때
까지
계속된다. 닳아라 구두 밑창들아 닳고 닳아빠져라

스웨터 하청 공장의 파리

(파리는 화학사 먼지투성이에 눈만 빠꼼한 몰골로 중
얼대고 있다.)

웃어보라고요?

아아 건데 제대로 붙어 있을 수가 없군요. 갑자기.

창문 좀 닫아주시겠어요?

추워요. 사방이 아파요.

아무것도 안 빨아먹었거들랑요. 괴롭히는 이들이 너무
나 많아서요.

당신은 흠잡을 데 없이 아름다우셔요.

오시다니 정말 꿈만 같아요. 믿어지지가 않아요.

어찌 이다지도 좋을까요?

예? 제 입에서 냄새나죠?

(파리는 부리나케 편직기사 옆께 전화 놓인 데로 옮아
간다.)

여보세요? 여보세요?

만나주세요. 제발 부탁입니다. 보고 싶어요.

당신은 절 속이고 계시죠?

다 알고 있어요. 허지만 괜찮아요.

화나셨나요? 용서하세요. 아아 건데 저도 인제 지친걸
요.

여섯 다리가 모조리 저려오고 온몸이 마비되는 것만
같아요.

친구들마저 절 멸시하고 전 아주 타락했어요.

아무 일도 엄두가 나질 않아요. 전 나쁜 년예요.

당신은 훤히 다 알고 계시죠?

어찌해 이꼴로 내버려두시나이까. 이 몸은 당신의 것
이옵니다

가뜩이나 잘록한 허리가 끊어질 것만 같아요.

오른팔에 붙게 해주세요, 제발.

당신께 청하는 단 한 가지 소원입니다.

지금은 찔찔 짤 때가 아니라구요?

전 당신의 모든 걸 믿어요. 허지만 더 견디어낼 수가
없는걸요.

힘이 다 빠지고 이러다간 정말 곧 죽을 거예요.

그 동안 아무것도 안 빨았어요.

(파리는 기침을 심하게 한다.)

언제까지 지체하시렵니까? 여보세요?

만나주신다구요?

있잖아요. 저 기계 소리 때문에 잘 안 들려요.

뭐라구요? 매혹적이라구요? 미쳤냐구요?

전 당신을 사랑하고 있단 말예요.

어찌 까닭 없이 당신을 찾겠습니까. 그런데 인삼차라
니요?

아니, 거기가 시장 안의 지하 다방이라구요?

인권이란 차는 없다구요?

인삼 찻집에나 알아보라구요? 여보세요?

여보세요? 목이 마르다니깐요. 여보세요? 여보세요?

그날 이후 외 2편

최　　승　　자

그날 이후

그날 이후 나는 죽었다.
그러므로 이것은 사후의 기술이다.
물론 아시는 분은 아시겠지만,
이것은 과장이다.
그렇다고 못 속아주는 분 또한
어엿한 바보이시다.
그러면 한 곡조 꽝!

저 강 저 벌판을 돌아
내 ××가 간다.
묻어다오, 헤매는 이 발목
흐르는 이 세계를,
묻어다오.

이런 시를 훌쩍이기 위해
시를 쓰는 것은 아니라는 것을 깨닫는 데에
그러나 나는 내 ××를 다 소비해버린
거디엇다.

길이 없어

길이 없어 그냥
박꽃처럼 웃고 있을 뿐.

답신을 기다리지는 않아요.
오지 않을 답신 위에
흰 눈이 내려 덮이는 것을
응시하고 있는 나를 응시할 뿐.

모든 일이 참을 만해요.
세포가 늙어가나봐요.
가난하지만
이 房은 다정하군요.
흐르는 이 물길의 정다움.
물의 장례식이 떠나가고 있어요.

잊으시지요.

꿈꾸기 가장 편리한 나는
무덤 속의 나니까요.

이제 전수할

이제 전수할 슬픔도 없습니다.
이제 추구할 기쁨도 없습니다.

떠납니다.
막막하늘입니다.

떠나지 못합니다.

배고픔뿐인 그대와
배고픔도 없는 내가
피하듯 서로 만나
배고픈 또 한세상을 이룩하는 것을
고장난 신호등처럼
바라봅니다.

(꿈이여, 꿈이여,
늙으신 아버님의 밑씻개여.)

너의 입술 외4편

홍　영　철

너의 입술

오늘 아침
햇빛 속을 날던 잠자리 한 마리
잡으려다 놓친 잠자리 한 마리
그놈은 보았을까
나의 얼굴을.

20년 전 어느 날
햇빛 속을 날던 잠자리 한 마리
내가 잡았던 잠자리 한 마리
등에 침을 꽂고 뻗어 있던
바보 같은 잠자리 한 마리
그놈은 기억하고 있을까
나의 마음을.

너의 빨간 입술
입술의 이중성.

시인 吳씨의 1970년대와 조금도
변함이 없는 1985년 여름의 데카메론

1985년 여름. 오늘 하루만도 다섯 차례나 변소를 다녀옴.
밑구멍이 빠지도록 설사를 했음. 그래서 밑구멍이 빠지도
록 아픔. 로페린 두 알을 먹었음. 어떻게 되겠지 하고 기
다려봄. 기다려볼 수밖에 도리 없음. 왜 설사를 해야 하
나 생각해봄. 그러나 도대체 이유를 알 수 없음. 설사를
증명하지 못함. 설사의 알리바이가 성립되지 못하므로 피
고는 설사 10일에 처함. 그래서 억울함.

얼룩말이 사자를 물었다. 나미 선풍 일본까지 신형 립댄
스 갈채. 다음 페이지. 학원법 시간 갖고 계속 대화. 대
학생 2명 미 대사관 침입 기도. 김수환 추기경 학원 안정
법 추진 극렬화 우려. 수배 서울대생 1명 검거. 신경통
싹 가셨어! 속도 편안하고. 썰감은 효과도 빠르지만 속
편한 걸로 유명하지. 쌩! 신문을 보지 말자, 신문을 보는
머리에서 무엇이 나올까, 라고 김수영 시인은 일기에 적
었었지.

옛날에, 옛날이라고 해봐야 10년쯤 안쪽에 내가 놓친 여
자들을 생각해보자. 먹을 수 있었는데 못 먹었던, 먹을
수 있었는데 안 먹었던 안타까움을 꺼내보자. 지금 가서
달라고 해볼까. 그러면 줄까. 이 빌어먹을 놈. 평생 설사
나 해처먹을 놈. 이런 시는 쓰지 마라.

1985년 여름. 속지 말자, 신경질적으로 떴다 가라앉는 태
양에게, 속지 말자, 폭력과 비폭력에게, 윤리와 비윤리에
게, 그 모든 이유와 증명에게, 당위성에게, 속지 말자,
너 한심한 시에게.

네 마음의 새

네 마음속에 그려진 하늘 위로
한 마리 새가 날고 있다.
하늘의 무수한 푸른색을 부수며
한 마리 새가 날고 있다
네 마음의 하늘을 지우지 마라
새가 날고 있다
새를 날리는 것은 누구인가.

네 마음속에 그려진 바다 위로
한 마리 새가 날고 있다

바다의 무수한 푸른색을 부수며
한 마리 새가 날고 있다
네 마음의 바다를 지우지 마라
새가 날고 있다
새를 날리는 것은 누구인가.

네 마음의 그림 속으로
자꾸만 날아오르는
새 한 마리.

오, 행복한 노예
너의 사슬을 끊어라.

지금은 아무도 없으니

지금은 아무도 없다
아무도 없으니
보여다오, 너의 가슴을
가슴에 있는 보드라운 사랑과
못난 미움과
한 송이 꽃과 가시와
한 마리 양과 늑대도
보여다오, 지금은

아무도 없으니.

(나는 잡아먹는 참새가 되기보다는 차라리 먹히는 달
팽이가 되겠어요. 나는 때리는 망치보다는 차라리 박히는
못이 되겠어요. 나는 서 있는 숲이 되기보다는 차라리 밟
히는 길이 되겠어요. 아무렴 그렇지 그렇고 말고)

보여다오, 지금은
아무도 없으니
나는 비어 있는 시간이니
보여다오, 너의 가슴을
가슴에 있는 풀밭과
못된 거미집과
한 송이 구름과 예리한 칼날도
보여다오, 지금은
아무도 없으니.

(믿을 수 있을까요, 당신. 정말 믿어도 될까요, 당신)

저기 두 발로
걸어가는 사내의 뒷모습
그 뒤로 무수히 떨어지는
햇빛과 바람만.

시간의 구멍

멋대로 하세요
나는 당신의 것이에요
옷을 벗기시든지
주무르시든지
당신 마음대로 하세요
만진다고 뭐 닳나요
주무른다고 임신이라도 하나요
멋대로 하세요

그러나 사랑하진 말아요
피보는 건 당신이기 때문에
그것만은 안 되겠네요
심각한 척도 마세요
그냥 우리 편안하게 지내요
모두가 똥인걸요
모두가 꽝인걸요
멋대로 하세요

자, 가까이 오세요
아니 가까이 오시든지 마시든지
마음대로 하세요
완강한 당신의 팔뚝 앞에

나는 순진한 창녀예요
완강한 당신의 인식 앞에
나는 작은 구멍이에요
자유도 부자유도 모두 껴안는
나는 그런 무의미예요

멋대로 하세요, 당신
옷을 벗기시든지
주무르시든지
떡을 치시든지.

風葬 12 외 1편

黃　東　奎

風葬 12

여기가 어딘가?
봄山이 햇살 속에 겉옷 슬쩍 걸어놓고
옆으로 비스듬히 누워
배의 솜털을 보여준다

저 칼로 썰어논 구름장 위에
날리는 햇살!

살아 있는 것이 겁없이 황홀해
더 앉아 가지 못하고
市外버스를 내린다.

風葬 13

이 세상 가볍게 떠돌기란
양말 몇 켤레면 족한 것을
해어지면
기워 신고
귀찮아지면
해어지고
(소금쟁이처럼 가볍게
세상 위에 떠서)

아 안 보이던 것이 보인다
콘크리트 터진 틈새로
노란 꽃대를 단 푸른 싹이
간질간질 비집고 나온다
공중에선
조그만 동작을 하면서
기쁨에 떠는 새들
호랑나비 바람이 달려와
마음의 바탕에
호랑 무늬를 찍는다
흐흐.

나는 너다, 23 외 6편

황　지　우

나는 너다, 23

숨바꼭질,
어디어디 숨었니?
?표를 귀에 달고 참호에 엎드린
지명 수배자들
꼭꼭 숨어라!
!표를 만들며 머리카락을 들어올리는
숨소리
숨소리

나는 너다, 5

무풍 지대의 작은 나뭇가지들,
간드러진다
대피대피하라
惡의 날

나는 너다, 18

棺에다가 쾅쾅 못을 박는다
그대 航路는 멀다
돌아오리라, 언젠가 다시
우리나라에, 우리나라여

나는 너다, 3

우리의 소원은 통일.
갈매기가 노량진 나루터 수상구조대를 지나
간다. 참 멀리서 왔네, 멀리서
왔네.
要塞 속 바다로 가는 그대.

나는 너다, 15

바깥으로 손잡이가 달린 문
西大門
열리지 않는다
이 벽은 내부가 외부다
종로가 저 안에 깊숙이 갇혀 있다
25번 버스가 이 벽 끝에서
이 벽 저 끝까지 종일 왔다갔다 한다
헤어나지 못하는구나

나는 너다, 43

내 피를 빨아내는, 유리로 만든 긴 管
붉은 개미떼가 내 살점을 뜯어먹으러
긴 행렬로 몰려온다
사이렌을 울리며 응급차가 차량 사이로 질주한다
살아나라

나는 너다, 74

접시꽃 앞에서

1. 유 에프 오
2. 손은 자물쇠를 만지고 있다
   손은 열리지 않는 門의 운명과 만난다
   그리운 下部
3. 이 잔은 이미 피를 맛보았다
   살덩어리를 뜯고
   입술을 댄
   가시 돋친 테두리
   聖盃 속으로 지친 해가 잠긴다

4. 꽃 속에서 벌건
   좆이 푹 튀어나와 있다
5. 정체 불명의 비행 물체,
   왼쪽 골이 아프다
   너는 누구냐
   神仙思想硏究 5
   골이 아프다
   막대기로 여러 개의 접시를 돌리는 약장수